公共管理教学案例

邹再进　柳　娥　刘会柏　主编

中国林业出版社
China Forestry Publishing House

内 容 简 介

《公共管理教学案例》立足于全球化、信息化的时代背景，对公共管理中的热点问题进行深入探讨，将公共管理基本理论与具体案例有机结合，将公共管理价值与工具有机结合，体现了公共管理学科体系的科学性和系统性。本书信息量大，资料翔实，内容涵盖公共管理学、公共政策分析、公共财政管理、公共经济学、电子政务等课程，目的是让学生通过案例的学习，理解具有现实意义的公共管理相关问题，提高公共管理硕士研究生的学术和实践能力。

本书适宜作为公共管理专业研究生以及相关学科的参考教材。

图书在版编目(CIP)数据

公共管理教学案例 / 邹再进，柳娥，刘会柏主编.
—北京：中国林业出版社，2023.11
ISBN 978-7-5219-2435-0

Ⅰ.①公… Ⅱ.①邹… ②柳… ③刘… Ⅲ.①公共管理-教案(教育) Ⅳ.①D035-0

中国国家版本馆 CIP 数据核字(2023)第 217391 号

责任编辑：丰　帆
责任校对：苏　梅
封面设计：时代澄宇

出版发行：中国林业出版社
　　　　　(100009，北京市西城区刘海胡同 7 号，电话 83223120)
电子邮箱：cfphzbs@163.com
网　　址：www.forestry.gov.cn/lycb.html
印　　刷：北京中科印刷有限公司
版　　次：2023 年 11 月第 1 版
印　　次：2023 年 11 月第 1 次
开　　本：787mm×1092mm　1/16
印　　张：9.25
字　　数：214 千字
定　　价：39.00 元

《公共管理教学案例》编写人员

主　　编　邹再进　柳　娥　刘会柏

编写人员　(按姓氏拼音排序)
　　　　　付　伟　郭佩惠　李田伟
　　　　　廖灵芝　刘会柏　刘　燕
　　　　　柳　娥　杨学英　邹再进

前　言

公共管理是从行政管理学母体中脱胎出来的以政治学、经济学、管理学、行政学、社会学、法学为学科基础形成的一门新兴管理学科。公共管理作为一种专业教育，最早产生于18世纪的德国，但是，作为一种专业学位的公共管理教育，被明确提出来并付诸实施，则是在美国。1887年伍德罗·威尔逊发表了《行政学之研究》的论文，被认为是美国公共管理教育的开始。然而，直到1911年，纽约市政研究局创办公共服务培训学校，美国公共管理教育才正式启动。1924年，公共服务培训学校迁到了锡拉丘兹大学，并与新成立的马克斯维尔公民与公共事务学院合并，同时启动了美国第一个公共管理硕士(Master of Public Administration，简称MPA)计划，开始面向公共管理领域创办综合性的教育与培训课程。

20世纪60年代末以来，西方国家政府与社会之间的关系处于"小政府、大社会"这一阶段。故公共利益的代表、公共物品的提供及公共事务的管理，除了现代政府之外，具有非营利性的社会组织或民间组织即"第三部门"也开始承担大任。甚至在某些方面如公共物品的提供上，"第三部门"比现代政府更能有效地代表公众利益，进而与社会公众进行良性互动、合作与沟通。正是基于非营利性组织在公共事务方面所具有的特殊地位和作用，自20世纪70年代末80年代初以来，西方国家普遍掀起了对公共事务研究的热潮，如哈佛大学的公共事务专业、纽约大学的公共/非营利事业管理专业、康奈尔大学的公共事务专业等。目前，公共管理专业教育在国外已相当普及，公共管理研究生阶段的专业学位即公共管理硕士教育正风行欧美国家，并与工商管理硕士(Master of Business Administration，简称MBA)、法律硕士(Juris Master，简称JM)一起成为发达国家人文社会科学领域高层次职业研究生教育的三大支柱。

我国自改革开放以来，随着社会主义市场经济体制的逐步建立和完善，一方面，按照政事分开、政社分开的基本原则建立新型的公共管理体制，实现从"大政府、小社会"向"小政府、大社会"的转变，政府由"善政"升华到"善治"，在治理主体多元化发展的趋势下，事业单位改革不断深化，非营利性组织或民间组织不断发展和成熟，且在国家治理体系与治理能力现代化的进程中发挥着日益重要的作用；另一方面，改革开放使我国社会经济发生了深刻的变化，从根本上改变了我国资源配置方式和经济运行机制。社会的高效治理和经济的高质量发展，需要各方面利益关系的调整，除了政府履行必要的职能外，还需要社会自我管理、自我约束和自我发展，很多过去由政府包揽的公共事务客观上需要由非政府的公共组织或服务部门协同完成。在这种背景下，与公共事务管理相关的机构与部门不断增长，社会对专业的高层次公共管理人才需求不断增加，为社会培养从事公共事务管理和公共政策研究与分析方面的高级专门应用型人才的公共管理硕士专业学位教育在我国应运而生。

我国于2001年启动的公共管理硕士专业学位教育，作为一种职业型的研究生教育，

前 言

虽然源自传统的公共行政学术研究生教育，但又与其有明显的区别，更注重应用性而非学术性，专注于提升学生从事公共管理相关职业的素养和技能，致力于为政府部门及非政府公共管理机构培养高层次、应用型专业管理人才。从2001年至今，我国的公共管理硕士专业学位教育项目从无到有，厚积薄发，经过20多年的迅猛发展，全国总共有8个批次共计305所（包括2012年之后动态调整20所）高校从事公共管理硕士专业学位教育工作，为我国公共管理事业的高质量发展培养了大批高素质专业人才。

公共管理学科从其诞生开始，就紧扣时代发展脉搏，坚持理论与实践有机结合，突出问题导向，通过"干中学""用中学""边干边学"等方式，积极借鉴相关学科发展的优秀成果，不断丰富和完善自身的理论体系和"工具箱"，强化运用相关理论和方法分析和解决公共产品供给、公共事务管理、公共政策制定与实施等领域内的具体问题，不断提高公共管理的应用性和实践性。基于此，在公共管理人才培养，特别是公共管理硕士专业学位教育中，极具实践性和启发性的案例教学方法得到广泛重视，并成为公共管理人才培养最有效的教学方法之一。

案例又称个例、实例或个案，是人们对生产生活当中所经历的典型的富有多种意义的事件的陈述。根据案例，我们可以对相关问题进行深入的研究分析和挖掘发现，从中寻找带有规律性、普遍性的成分，所以案例分析早已成为包括管理学在内的应用性学科最行之有效的研究手段和方法之一。而案例教学则是一种通过模拟或者重现现实生活中的一些场景，让学生把自己纳入案例场景，通过讨论或者研讨来进行学习的一种开放式、互动式的教学方法，教学中既可以通过分析和比较，研究各种各样的成功的和失败的管理经验，从中抽象出某些一般性的管理结论或管理原理，也可以让学生通过自己的思考或者他人的思考来拓宽自己的视野，从而丰富自己的知识。

案例教学的历史可追溯到1870年，由美国哈佛法学院前院长克里斯托弗·哥伦布·朗代尔（C. C. Langdell）首创，后经哈佛企管研究所所长郑汉姆（W. B. Doham）推广，并从美国迅速传播到世界许多地方，被认为是代表未来教育方向的一种成功教育方法。20世纪80年代，案例教学方法引入我国。案例教学最早用于医学教学中，为启发学生掌握对病症的诊断及治疗，医学院的教授将不同病症的诊断及治疗过程记录下来做成案例，用于课堂分析，以培养学生的诊断推理能力。后来，法学院的教授将各种不同的判例记录整理成为法学案例，包括其中的辩护和裁决过程，以培养学生的判案推理能力。20世纪初，哈佛商学院出现了工商管理案例，教授们将包括各种不确定信息、相关意见和实施过程的商业管理及其决策过程记录下来，编写成案例用于课堂教学，以培养学生的管理推理能力。类似的方法后来在公共管理教学中出现，教授们搜集整理包含不同背景、问题、选项、相关意见和选择过程的公共管理和决策记录，形成公共管理案例并用于教学过程，以培养学生的决策推理能力。因此，公共管理案例实际上是借鉴其他领域案例的一种具体应用，它和医学案例、法学案例、工商管理案例一样，目的都是通过将实际事件的典型过程再现出来以引导和培养学生的推理能力。

公共管理学科作为管理学领域的一个重要的应用分支学科，从其诞生开始，就将案例教学作为公共管理人才培养的重要工具。通过案例教学，不仅有助于培养学生开放的管理理念、科学的决策方法和创新的思维方式，提高学生分析和解决现实问题的能力，而且在案例开发和教学过程中，通过挖掘、归纳和总结典型公共管理案例，不但有助于发现公共管理的普遍规律，升华和创新公共管理的相关理论，而且通过在理论指导下的具体问题分析，可以反向促进各级各类公共管理部门重新审视现行的管理体制、政策、制度和行为，加速学习型、创新型和变革型公共组织建设，从而不断改进和完善公共治理，提高公共管理能力和公共管理绩效。纵观百余年来的公共管理教育发展历史，案例教学由于突破了"干中学"的传统学习模式，使学习从过去直接单向的个人学习转变为当前在理论指导下的师生双向互动学习，通过感同身受、经验总结、教训汲取和理论升华，降低了学生学习成本，提高了教学效果，而备受公共管理学术界与实业界推崇。

本书包含 9 个典型案例。根据公共管理的学科特点和教学规律，本书将每个案例分成两个部分，案例正文，从事件发生的背景到事件结果，完整、详细地向学生展示整个事件的来龙去脉，并附上相关附件材料供学生备查，使学生对整个事件有一个直观、全面的了解；案例说明书，从课前准备到后续情况说明，为教师开展案例教学提供一揽子教学方案，使师生明白案例教学的目标、案例分析的关键及案例所涉及的公共管理知识要点，从而使案例教学更加有的放矢，指向性更加明确，以帮助教师引导学生提高推理的逻辑性和通过案例举一反三提高分析和解决类似具体问题的专业能力。我们希望通过本教学案例的结集出版，能给从事公共管理学科学习，特别是攻读公共管理硕士专业学位的学生提供更多的思考和研讨的素材；能给从事公共管理教学的老师提供具有较新视角和较新内容的教辅材料；能给从事具体公共事务管理的业界朋友提供有用的经验借鉴和业务指导。

本书在编撰过程中，借鉴和运用了一些前人研究成果和有关数据资料，在此谨一并表示感谢。同时，由于编者水平有限，书中的错误和问题在所难免，敬请同行专家、学者和业界朋友批评和指正。

编　者
2023 年春于西南林业大学秋海湖畔

目 录

前　言

案例 1　云龙水库移民安置由"民"转"城"的变迁之路 …………………… 001

案例 2　云南象群北迁南返事件引发的思考 ……………………………… 019

案例 3　数字化赋能公共文化服务的正确"打开方式" …………………… 035

案例 4　物业管理该何去何从 ……………………………………………… 049

案例 5　地方治理如何防止失效 …………………………………………… 067

案例 6　3·15 晚会曝光"土坑酸菜"事件，食品安全问题如何保障 ……… 082

案例 7　共享单车能否与城市共享未来 …………………………………… 098

案例 8　"幸福城"里的"不幸"与"幸" ………………………………………… 100

案例 9　农村"空心化"困局的破解：贵州的经验与启示 …………………… 127

后　记 ………………………………………………………………………… 137

案例1

云龙水库移民安置由"民"转"城"的变迁之路

(付伟)

摘要：云龙水库一直就有"云南千岛湖"的美誉，是掌鸠河引水供水工程的骨干工程。云龙水库工程于1999年年底开工，2004年3月1日下闸蓄水，8月初期进行了水体置换并于2007年3月试通水成功，被列入了《第三批全国重要饮水水源地名录》，也被誉为昆明人民的"生命库"。而云龙水库周围人类的生产、生活会对水库的水质产生不利影响，特别是距离水库最近的一级保护区内存在的面源污染等问题对水源地影响较大，所以便开始最先从一级保护区内开展移民搬迁工作。本案例描述了为保护云龙水库水源保护区周围的生态环境，在相关政府部门的带领以及居民、移民社区的共同配合下，针对移民群众所反映的住房问题、就业问题、补偿标准问题以及复耕复牧现象采取了相应的改进措施。除此之外，为了保障移民搬迁之后能够尽快适应新的生活环境，还采取了细致化社区服务、扩宽就业渠道、优化生态补偿制度以及引进改善民生项目，使移民群众在搬离长久居住的故乡之后能够快速融入新的社区，并且显著提升了生活水平，而实现由"民"转"城"的变迁之路。

关键词：云龙水库 移民安置 生态补偿

1.1 案例正文

1.1.1 追本溯源——为何要进行移民搬迁

1.1.1.1 建云龙水库的原因

昆明市作为云南省的省会城市，总面积达21 012.54 km²，常住人口约695万人。昆明市属于滇池流域，位于金沙江水系一级支流普渡河的上游，居民生活及工农业用水主要来源依靠大气循环降水形成的地表径流和少部分地下水。随着城市化进程的加快，城镇化水平以及人民生活水平有了显著提高，旅游业等第三产业发达，饮用水呈现出很高的周期性和集中度，饮用水总量呈持续增长的趋势，对城市供水能力有很高的要求。加之近年来水旱灾害的交替发生，昆明常呈现季节性、区域性缺水，整体水资源矛盾较为突出，是全国14个严重缺水的城市之一。

除此之外，滇池流域人员稠密，工业生产繁荣，在20世纪70年代后期，滇池环境急剧变化,大批工业生产污泥和生活垃圾未经处理便直接排入湖内,水域环境恶化导致整个流域自然环境不符合社会经济的可持续发展需要,从而形成了极为严峻的资源型和环境型缺水地区。城市饮用水源区的生态环境问题直接关系到每一个市民的生存和城市的可持续发展,对饮用水源区生态保护问题的研究具有极其重大的理论和现实意义。为了满足流域内生活、生产、生态用水的需要,政府采取了大量的自然资源开发利用措施,也开始了建设云龙水库的工作。

1.1.1.2 云龙水库选址

云龙水库位于东经102°左右,北纬26°左右,距离昆明主城区约137km。云龙水库的地址主要位于掌鸠河上游云龙河与石板河的交汇处的下游580m处,水库正常蓄水位2089.67m(黄海高程),水域面积20.66km², 储水量 $3.97×10^8m^3$。云龙水库是昆明市主城区主要饮用水源地,总库容 $4.84×10^8m^3$,水域面积约为20.66km²,属于大型水库,年均向昆明主城供水 $1.6×10^8 \sim 2.0×10^8m^3$,占昆明主城供水量的60%以上。云龙水库径流区范围总面积757.65km²,涉及昆明市禄劝县云龙乡、撒营盘镇等8个乡镇,以及楚雄彝族自治州武定县插甸乡、发窝乡、田心乡。其中,禄劝县境内662.55km²,约占87.4%;武定县境内95.1km²,约占12.6%。

水库的水源保护区以中低山地貌以及中山峡谷地貌为主,其中夹杂着山涧河谷地貌。地势的特征主要是北高南低,汇水面积达到云龙水库总面积的96%以上,其中石板河是主源。石板河发源于禄劝县境内,经过双化乡汇入双化水库,从双化水库流出后汇入云龙水库。依据自然区位、气候特点以及生态环境等,将云龙水库水源保护区分为一级、二级和准保护区域。

1.1.1.3 移民搬迁项目引进

云龙水库建成供水以来,禄劝县全面实施综合性"八大工程",积极实施保护规划及治污截污工程,防控点源污染。随着水源保护区内居民人数增加以及生活水平提升,产生的生产生活垃圾也日益增多,特别是一级保护区内居民生产生活污水未经任何处理直接排入云龙水库,这导致云龙水库水质逐渐下降。为此,当地政府采取了以下3个措施:一是建立污水及垃圾处理设施;二是开展移民搬迁,组织一级水源保护区的村民尽快整体向县城搬迁,对二、三级水源保护区内的居民进行宣传教育,引导他们逐步向外转移,减少保护区内的人口数量;三是调整经济结构,在水源保护区内种植化肥、农药使用量少的核桃、竹子等经济林木,把种粮变为植树、管树、护树。在2009年9月,昆明市委、市政府决定启动云龙水库一级保护区搬迁工作,搬迁之后移民可能会面临着生产技能不足、土地损失、收入减少、生活成本增加等困难以及社会关系网络受损、社会边缘化等风险,水源区的居民带着对故乡的不舍、新家的期盼以及对未来的迷茫,开始了由"民"转"城"的变迁之路。

1.1.1.4 移民搬迁项目规划

云龙水库水源保护区范围涉及禄劝县撒营盘、云龙、马鹿塘、皎平渡、团街、茂山

6个乡(镇)31个村委会315个村小组,控制流域面积745km²,占掌鸠河总流域面积的38.5%。云龙水库水源区移民搬迁安置项目2009年至2010年计划在重点水源区,以"市场化手段、城市化移民"的思路开展。市(县)两级通过3年多共同努力,2013年1月云龙水库一级保护区涉及禄劝县云龙、撒营盘2个乡镇、9个村委会、42个村民小组的2258户8035人全部搬迁完毕。移民搬迁采取城镇化安置方式,分别安置在禄劝县、安宁市、嵩明县、官渡区、西山区,其中一级保护区搬迁的移民全部安置在禄劝县城附近马家庄片区统一新建的移民安置小区——秀屏社区。为保障云龙水库一级保护区内移民的日常生活,市、县两级政府以"服务移民、支持建设"为主线,建立了生态保护长效机制,从而保证让移民群众搬迁后的生活水平与经济社会发展水平相适应。同时,昆明市水务局还牵头出台了《云龙水库一级保护区移民搬迁正常合法新增人口长效生活保障方案》,并由县政府负责对新增人口进行甄别、审核,该项扶持补助将持续至2032年。

1.1.2 众口难调,移民、政府各有难点

禄劝县云龙水库的移民工作涉及范围广,是个极其复杂而艰巨的工作,在搬迁的过程中也遇到很多困难,下面从移民和政府两个方面阐述在移民搬迁过程中所遇到的问题。

1.1.2.1 百姓诉求多样化,移民政策难以顾全

(1)住房问题

2013年年底,云南省颁布并实施了《云南省云龙水库保护条例》,规定在云龙水库一级保护区内"禁耕止养",但是仍有一部分因享受不了移民优待政策的村民没有得到安置房,因此,只能留在库区艰难谋生,而其中有一部分滞留村民仍会在一级保护区内进行耕种放牧,对云龙水库的水质造成了污染。钱某是当地因没有享受到移民优待而滞留在保护区居民。她表示:"并非自己不想搬走,建设云龙水库,为昆明提供水源,村里绝大多数人家都是举双手赞成的,但是享受不了移民优待,住房问题无法解决就不能搬。"根据禄劝县政府出台的移民政策中入赘和嫁出后迁入户口是无法享受移民政策的,而其丈夫是入赘过来的,因此,是不在享受移民优待范围之内的。

同样滞留在当地的吴某也表示:在搬迁前他一直都和其他村民一样享受着该有门牌号、读书补贴、电费补助等优惠待遇,并且在前两次张榜公布的移民名单里也有他的名字,但是第三次公布分房名单时,没有了他的名字。虽然政府已经将果树迁移、拆房等28万元的补贴分给了他,但是由于住房问题没有解决,最后还是没有搬。在大多数居民都搬走之后,原本的村庄更显凄凉,再加上交通不便利、生活条件不好等问题,吴某表示"感觉一下回到了30年前"。在经过多次反映后,政府给予每人每年180kg大米和每人每月300元生活费,但是安置房还是无法获批。

(2)就业问题

云龙水库水源保护区的经济发展情况在整个昆明乃至云南省都属于相对落后地区,居民生活水平普遍较低,是国家和云南省的贫困地区。同时,由于大多数移民的年龄

大，受教育程度低且缺乏劳动技能，所以云龙水库水源保护区的农业生产结构主要以种植玉米、大豆等，养殖鸡、牛、羊等为主。第一产业为水源区支柱产业，产业结构单一，管理粗放，在一定程度上不仅造成了对水源的污染，而且农民收入较低，经济效益差。过分倚重于传统农业，二、三产业发展相当滞后，除农副产品加工等一些小型初级加工业外，仅有零星的建筑建材、运输、商业、服务业散乱存在。虽然搬迁前没有稳定的工作岗位，但是依靠种植业和养殖业可以得到一些经济收入，而搬迁后居民失去了耕地、林地，也无法继续从事养殖业。因此，移民就业的问题也是相关政府部门需要考虑的重要问题。

1.1.2.2 政府能力有限，心有余而力不足

(1) 补偿标准问题

移民安置工程的工作量大、耗时长，涉及的领域多，政府难以制定满足所有居民需求的政策。首先，在建设征地移民安置的实施过程中，面临着新老移民政策的衔接过渡、物价上涨、部分项目补偿投资不合理等问题，致使居民实际生活水平相对下降，原执行的移民安置补偿政策不能满足移民安置实施工作的需要，这是移民搬迁过程中存在的一大难题；其次，移民个人补偿费是否按时足额兑现、土地补偿和安置补助费是否合法有效使用直接关系到水库移民的利益，关系到他们今后的生产和发展，关系到移民工作能否顺利实施，更关系到库区和移民安置区经济持续发展和稳定，这是移民安置的要点。

2012年4月，在对云龙乡移民安置工作开展调研的过程中，从村民所反映的问题中也总结归纳出最主要的3个方面。一是生活补助标准方面，在2009年颁布实施的移民安置政策规定每人每月的生活补助是350元，他们认为现在物价水平显著提高，现行的补助标准过低，希望政府部门能够提高生活补助标准，并要求将补贴标准中50元的粮食补助，直接补助为15kg大米。二是在住房补贴方面，考虑子女分家后的生活安排，经政府同意认可后，云龙乡本长村有28户申请每户多增加了一个人的购买安置房面积（30m^2），户均购买安置房的费用为75 000元。由于当地农民收入较低，多数购买安置房的费用是信用社贷款或民间借款，2009年5月30日已经交了购房款，现在3年的利息支出（部分群众从民间借的钱，利息则更高），进一步加重了移民群众的经济负担。三是在政策调整期限方面，政策规定移民生活补助20年不变，移民群众反映时间太长，鉴于物价上涨较大，希望将政策期间调整为3~4年。

(2) 人为复耕、复牧问题

虽然云龙水库一级保护区内的农户已进行移民、搬迁，大大缓解了水源区周边居民生活、生产污水对水资源的影响，但通过调研，发现已搬迁的地区农户复耕现象较为普遍。种植的作物也多为高投入、高产出的农作物品种，在耕种过程中施用大量的农药、化肥通过径流流入水库，给库区水体造成严重的污染。

由于一级水源区生态移民后，空地闲置、牧草资源丰富，致使不少农户经常到此放牧，通过调研发现，这种现象虽然受到云龙水库管理处相关人员的多次劝阻，但由于放

牧人员属地不好划分，加上管理人员也没有执法权，农户的这种行为被制止后又会继续放牧。牲畜产生的粪便会导致氮、磷等污染物进入水源区，同时在水源区内的过度畜禽养殖，导致了水土流失的加剧，也带来了空气污染、土壤污染和水体污染；其中空气污染通过降水影响水环境，土壤污染通过地表径流影响水环境，水体污染直接影响水环境，这些都严重地影响着库区的水体环境。

1.1.3 多方协作，合力解决移民搬迁问题

针对上述所提到的问题和困扰，各级政府部门给予了高度重视，在县委、县政府相关领导负总责的前提下组建了移民帮扶工作领导小组；市级有关部门也组成工作组，对移民点的居民进行常态化的走访，从而能够及时地发现问题、解决问题；同时，加大对移民工作的宣传教育力度，使移民打消心中所存在的顾虑，尽快地适应新的生活环境，展开新的生活。安宁市库区移民后扶办主任沈晓荣也曾表示："他们为保护掌鸠河、云龙水库，背井离乡搬离了深爱的故土，我们一定要让他们搬得进来、住得下去、住得安心！"

1.1.3.1 细致社区服务，拉近居民距离

秀屏社区是云龙水库一级保护区的移民社区，采取网格化管理模式能够给予社区移民更好的生产生活环境。在相关移民搬迁政策的扶持下，不断满足城市现代化改革以及基层治理要求，持续加强党建引领工作，全面落实网格化管理模式，真正做到让移民搬得出、住得好，汇聚"大城小爱"、提升城市"温度"。在加强社区居民管理方面，采取了更细致化的管理，将整个秀屏社区划分为5个一级网格和40个二级网格，建立了专兼结合、多方参与的网格管理机制，不断完善和优化同格同责、同奖同罚的责任制度，从而使得社会治安、环境治理、移民新增人口核实等重点工作全部归于社区网格化管理体系，实现"社区有网、网中有格、格中有人、人负其责"，打通了服务社区居民"最后一公里"；在社区内设立了志愿型、文明型、法治型、平安型、关爱型5个特色网格，并组建了25支志愿者服务队伍积极开展志愿服务活动，携手共创了一个清洁、文明、有爱、舒适、优美的社区环境，极大地提升了社区居民的归属感和幸福感。

从农村搬到城镇，大多数居民因为缺乏法律知识以及安全防范意识，使得各类矛盾和治安问题频发。为了切实排查、化解各类矛盾纠纷，更好地服务于人民群众，当地的社区民警采取细致、认真、负责的工作态度和方法来进一步拉近自己与居民的距离，从而赢得了居民的认可和信赖，为秀屏社区创造一个持续稳定的居住环境打下了坚实的基础。在移民小区内有很多少数民族，在语言沟通以及生活习惯上会存在一定的差异，身为彝族的社区民警张筠在开展群众工作的过程中形成了自己独特的方式方法，能够更好地与当地群众搞好关系。她很热心、很友善，在社区里会经常看到她的身影或听到她的声音："您好，我是这里的社区民警，这是我的联系方式，如有需要，您尽管说话。"她始终把群众的事当作自己的事，设身处地地想群众所想、急群众所急，尽心尽力、认真细致地完成每一件小事，用自己的真情和真心赢得了群众对社区公安工作的理解和支持。

1.1.3.2 内挖就业岗位，外拓输出渠道，增加就业机会

党的二十大报告中提到，统筹城乡就业政策体系，破除妨碍劳动力、人才流动的体制和政策弊端，消除影响平等就业的不合理限制和就业歧视，使人人都有通过勤奋劳动实现自身发展的机会。健全终身职业技能培训制度，推动解决结构性就业矛盾。云南省政府也十分重视和关注移民群众的就业情况，积极开展关于农村劳动力就业情况的调查工作，根据群众的就业意愿以及企业的需求情况做好对接工作，并组织"定岗、定向、订单"培训，落实"百人出村、千人出乡、万人出县"劳动力转移计划，扎实开展"转移就业百日行动"，有序地组织农村劳动力人口前往到昆明、北京、新疆等地区工作。

除此之外，也通过设置乡村公共服务岗位，扩大当地的就业岗位。针对"无业可扶、无法离乡、无力脱贫"的建档立卡贫困劳动力和一般户"七类重点人群"，设立村庄保洁员、水利管护员、生态护林员、道路养护员等工作岗位。同时，科学借鉴其他省、市水源保护先进理念，对云龙水库新生旅游资源——"禄劝千岛湖""春城水之源"进行科学开发，在严格执行《云南省云龙水库保护条例》的前提下，结合云南红色文化旅游（禄劝景区）、云南民族风情文化旅游（禄劝景区）建设的实际情况，在云龙水库准保护区外围开发旅游产业，探索以科普体验、生态体验为一体的纯观光旅游。

1.1.3.3 与时俱进，优化生态补偿制度

针对物价水平提升，先前的移民安置政策不能满足居民基本生活需求的问题，相关部门进行了积极的解决，根据城市低保标准的提高，长效补助标准也在动态调整，2013年1~12月长效补助为每人每月350元（其中，城市低保每人每月300元、大米补助每人每月50元）；之后基本每年都会有所变动，2020年禄劝县云龙水库水源区移民长效补助按现状人口7653人、标准为每人每月720元（其中，城市低保每人每月630元、大米补助每人每月90元），具体补偿标准见表1-1所列。云龙水库一级保护核心区搬迁移民的长效补助资金，保证移民群体稳定，保证昆明市城市供水正常。

表1-1 云龙水库水源区移民补偿情况

时间	补偿标准	总补偿金额（万元）
2013	按照每人每月300元（城市低保低于此标准，按照此标准执行；城市低保高于此标准，按城市低保执行）和15kg大米（按当年市场价计算），共计每人每月350元	3110.94
2018	按照每人每月660元（其中参照城市低保标准补助570元、15kg大米补助90元）标准	6061.176
2019	按照每人每月720元（其中参照城市低保标准补助630元、15kg大米补助90元）标准	6612.192
2020	按照每人每月720元（其中参照城市低保标准补助630元、15kg大米补助90元）标准	6435.072

数据来源于：昆明水务局，2022-02-18。

1.1.3.4 引进项目，改善民生

移民社区通过对重点移民新村打造、重点产业项目扶持等后期扶持项目帮助水源保护区的移民改善生活质量，使得生活环境以及经济水平有了显著提升，帮助居民过上更好的日子。自移民社区建成之后，安宁市从未停止过对移民后期产业扶持工作的脚步，不断地引进项目来改善居民的生活。据统计，2008—2017年，安宁市在库区移民后期扶持项目建设方面总投资高达5481.49万元，累计完成了101个项目的建设，使得当地水库移民的经济收入有了很大的提升。其中八街街道办事处向阳村小组也是一个从云龙水库搬来的移民村，为了帮助解决附近村落的生产生活、农业用水用电等问题，安宁市库区移民后扶办投入18万多元的补助帮建一个变电站，目前已经通过验收工作正式投入使用。除此之外，还投入410余万元对八街街道中所村和兴村小组进行重点移民新村打造，使得住房条件显著提升，村里的生态环境更加宜居。

西山区海口街道办事处白鱼社区居委会禄海新村也是掌鸠河引水工程云龙水库搬迁移民村，是符合2021年省、市"美丽家园·移民新村"建设项目申报的唯一村组，为切实做好项目申报工作，各相关单位要提高认识，以实施乡村振兴战略为统领，牢固树立发展理念，让移民后期扶持政策切实落到实处，不断满足水库移民日益增长的美好生活需要。除此之外，为了改善民生，当地政府还根据搬迁移民拥有的农业技能，帮助移民去适当租用一定数量的农地，让搬迁移民以农业合作小组的形式开展种植，这样可以为移民带来一份经济收入，同时，也能够在一定程度上减少搬迁移民的生活开支。

1.1.3.5 给予教育补贴，鼓励技能学习

教育是伴随着人类社会的产生而产生，是为了未来培养人才，教育水平以及受教育程度提高才能提升居民的综合素质以及劳动生产效率，从而促进经济社会的发展水平，所以云南省对移民学生的教育问题很重视。禄劝县副县长李菊艳介绍，为了解决从云龙水库搬迁到禄劝县的移民人口子女的入学问题，当地政府修建了移民小学，同时还对水源区的学生进行生活补助，减轻家庭的经济压力。

职业教育主要是培养技能型人才，能够为产业的发展提供人力资源保障。通过职业教育能够帮助受教育人群更好地掌握岗位作业工艺，经过专业化培训后获得相关的基础专业技能，可以直接上岗就业、接受和应聘各类职业岗位，因此在鼓励孩子完成义务教育的同时，还支持参与职业教育。"十三五"以来，云南省积极推进大中型水库移民后期扶持职业教育招生工作，先后与省财政厅及云南机电职业技术学院等10余所职业院校签订合作协议，并在生活上以及学费上给予移民学子一定的经济补助。据搬迁安置办扶持处相关负责人介绍，大专生每年可以得到8000元的补助，中专生每年可补助5000元；中专、大专和五年一贯制大专均可以享受3年的补助，五年一贯制大专按中专补助的标准在前3年享受补助。一系列惠民举措的推出，鼓励了更多的学生去参加职业技工院校学习，提高了移民素质和就业水平，大大提升了移民群众的生活幸福感。同时，还会有校企合作项目，设置集团所需专业，在集团各单位搭建起实习平台，从而帮助学生之后的就业。

1.1.3.6 合作式扶贫，变输血为造血

云南建工集团有限公司党委副书记、纪委书记张战国在禄劝县进行考察调研时提出"在扶贫中加强合作，在合作中推进扶贫"的新理念，开辟扶贫工作新模式，并指出：比起单纯的扶贫，合作式扶贫能变输血为造血，促进双方的互利共赢和共同发展。云南建工集团有限公司具有很强的社会责任感，一直以来都积极主动地协助省委、省政府完成扶贫工作，并从以下4个方面推进扶贫项目的实施：一是开展项目合作。希望在共同推进扶贫合作项目的同时，在承建金沙江乌东德水电站移民工程上得到禄劝县的支持。二是开展培训式合作。职业高中和建工技校可以建立合作关系，集团欢迎职业高中到建工技校培训学习，共享优质教育资源，积极建立集团共青团与校共青团的友好关系，对派驻点学校开展交流互动。三是建立实习基地。集团的钢构公司、安装股份公司、云南建投第二安装工程有限公司、科保模架公司这4家公司能为职业高中的焊工、电工提供实习基地，集团将以劳务合同工的形式为职高毕业生拓宽就业渠道。四是将积极向省扶贫办争取，从2015年起将禄劝县作为云南建工的挂钩扶贫点。

1.1.4 由民转城，其乐融融

在禄劝云龙水库边生活了几十年的老人付自光说："刚搬到安宁和兴村时，感到忧心忡忡，担心住不惯、吃不好，还担忧养老问题。"搬过来之后发现这些担心完全是多余的。付自光老人现在在安宁市八街街道中所村和兴村小组安家落户，搬迁过后居住环境和生活水平有了明显的改善，在禄劝县住的是土基房，而现在搬进了漂亮、宽敞洋气的小楼房，家里还添了小汽车、大彩电、摩托车等大件物品；儿子还开了一家农家乐，经济收入显著提升，一家6口生活的幸福美满。同样，与付自光老人一起搬到安宁和兴村的居民都过上了不愁吃穿的生活。看到乡亲们的生活都幸福，付自光老人在晚饭过后到文化活动广场散步时总会高声唱上几句自编的小曲儿以抒发自己内心的喜悦和满足之情。

结束语

昆明市受特殊地理条件和自然天气的影响，水资源短缺严重制约了其发展。在相关部门和专家对昆明市周边水源进行多次调查和研究之后，建立了饮用水源区——云龙水库。为更好地保护云龙水库的水源质量，在对周围生态环境进行整改和保护的基础上，对其保护区的农户进行搬迁安置，从而更好地保障云龙水库的水资源质量，确保昆明市居民的用水需求。针对搬迁工作，政府部门建立专门的移民安置点来解决移民搬迁后的居住问题，缓解因搬迁产生的困扰，最大化满足移民的基本需求，实地解决移民与移民之间、移民搬迁者和搬迁后当地居民之间存在的疏离感等问题，疏导移民群众的心理问题及行动倾向，从而帮助搬迁移民更快地适应新环境。同时，在县委、县政府主要负责人的牵头下组成了移民搬迁小组，有针对性地对移民搬迁过程中存在的共性个性问题进行解决，因地制宜且符合时代发展进程地制定生态补偿制度，提高购置房购买面积，增加补助物资及经济补偿；多渠道为移民搬迁居民提供就业途径，创立移民创业园、设点

对移民人口进行再教育活动，提高经济收入，改善生活水平。

虽然阶段性的还存在部分问题尚待解决和完善，但经过多年云龙水库的移民搬迁工作已经取得了阶段性的成果，云龙水库的水资源保护和剩余居民的搬迁和已搬迁居民的未来发展需要更多人力、物力的投入，以更好地保障其可持续发展。

材料1　相关情况介绍

(1) 云龙水库的基本情况

云龙水库设计总库容 $4.84 \times 10^8 m^3$，正常储水量 $3.97 \times 10^8 m^3$，正常蓄水位 2089.67m。云龙水库水源保护区内汇水水系呈扇形分布，以中低山地貌、中山峡谷地貌为主，间夹山涧河谷地貌，地势北高南低。汇水区内河流极度发育，长度1km以上的河流多达84条。主要干流有石板河、老木河、水城河3条河流，汇水面积占云龙水库总汇水面积的96.5%。石板河是主源，发源于禄劝县马鹿塘乡对车村，上游流经双化乡，汇入双化水库，双化水库出流后汇入云龙水库，全长55.6km，汇水面积429km²，占云龙水库坝址以上径流面积的57.6%。老木河发源于禄劝县与武定县交界处的锅盖梁山东部，全长24.7km，径流面积124km²，占云龙水库坝址以上径流面积的16.6%。水城河发源于武定县境内的烂泥箐水库上游，全长36.6km（武定县境内22.4km），径流面积166km²（武定县域内89km²，占云龙水库径流面积的12%），占云龙水库径流面积的22.3%。水源保护区属于北亚热带季风型气候，多年平均气温10.2~13.8℃，年平均降水量1007~1200mm。根据自然区位、气候特点、生态环境，水源保护区可划分为一级、二级、准保护区域，具体的划分范围见表1-2所列。

表1-2　水源保护区划分

所属行政区域	面积（km²）	区域范围		
		一级保护区	二级保护区	准保护区
楚雄州武定县	95.1	烂泥箐水库、螃蟹箐水库正常水位线以下的全部水域以及正常水位线沿地表外延10m的范围；九道河河道面积以及两侧沿地表外延50m范围；水城河河道面积、水城河烂泥箐水库—何家老屯河段河道两侧沿地表外延10m，何家老屯—武定禄劝交界处河段河道两侧沿地表外延50m范围	烂泥箐水库、螃蟹箐水库一级保护区外延2000m以内的区域（超出2000m的区域按照实际分水岭划分）；水城河、九道河一级保护区外延1000m的区域	武定县境内的水城河、九道河及其支流径流区范围内除一、二级保护区以外的区域
昆明市禄劝县	662.55	云龙水库、双化水库及其主要支流河道属于范围；环云龙水库公路以内的区域，环库公路距正常水位线不足200m的延伸至200m处，双化水库正常水位线水平外延200m以内的陆域；主要支流石板河、老木河、水城河（禄劝县部分）、金乌小河、三合小河、高安小河、芝兰小河河道上口线两侧沿地表外延50m以内的陆域	二级保护区内其他水库集河道范围；水库一级保护区外延2000m的区域；河道一级保护区外延1000m的区域	一、二级保护区以外的云龙水库水源区其他径流区域（禄劝县）

(2) 禄劝县

禄劝县地处滇中北部，有"固滇省西北之屏蔽"之称，是由滇入川的"北大门"，距昆明主城区72km，国土面积4233.91km²，占全市国土面积的1/5，辖17个乡(镇、街道)，194个村(居)委会。总人口48.78万，其中男性250 777人，占51.41%，女性237 059人，占48.59%。禄劝县有汉、彝、苗、傈僳等24个民族，是彝族重要发祥地之一，少数民族16.15万人、人口占比达到33.11%，是少数民族自治县。2018年成功创建为全国民族团结进步示范县。

①物产资源丰富　禄劝县拥有蟠桃、葡萄、脆枣等特色水果，黑山羊、撒坝猪等生态禽牧，板栗、核桃等优质坚果，党参、当归等生态中草药享誉全省，野生食用菌品种繁多，松茸、牛肝菌是出口创汇的主要菌种，有"松茸之乡""云药之乡"美誉；水能蕴藏量丰富，建有中小水电站30座，装机容量达92万kW，乌东德电站建成投产发电，是全国第四大水电站，被誉为"水电之乡"。

②自然条件优越　禄劝县生态宜人，山水风光秀丽。地貌千姿百态，群山巍峨耸立，江河溪涧纵横，气候立体多变。县内多山地，山区面积占全县总面积的98.4%。属亚热带季风气候。2020年，禄劝年平均气温16.9℃，平均相对湿度68%，总降水量904.1mm。云龙水库蓄水库容4.84×10⁸m³，向主城区供水量全市第一，是昆明市主要水源地和生态涵养示范区、特色农旅创新区，被誉为"春之源""水之源"。

③脱贫攻坚成果显著　创新"七个攻坚体系""三个百日会战"等精准脱贫"禄劝模式"；率先推出农村高中阶段和职业中学的教育扶贫政策，音乐教育扶贫登上央视新闻，职业教育扶贫成为昆明市唯一入选全国教育扶贫典型案例、《禄劝县创新方式"施良策"精准兜底"不脱靶"》入选中国精准脱贫100例；2019年4月30日，云南省人民政府下发文件，批准禄劝县退出贫困县序列，多个全国性脱贫现场会相继在禄劝县召开，连续三年获评全省脱贫成效考核"综合评价好"县，其中黑乡民安乐村入选全国脱贫攻坚示范村。

(3) 武定县

武定县位于云南省中北部、楚雄彝族自治州东北部，东邻禄劝县，南与禄丰市、富民县毗邻，西与元谋县接壤，北与四川会理市隔金沙江相望。全县辖11个乡镇136个村(社区)1575个村(居)民小组，总人口28.1万人，彝、傈僳、苗、傣、回等24个少数民族人口占57.08%。武定这片古老、神奇、美丽的土地，是红军长征向北挺进的途经地，是革命老区，是全国民族团结进步示范县，也是楚雄州"一极两区"建设的重要支撑区。下面从资源禀赋、文化底蕴、发展机遇3个部分对武定县进行介绍：

①资源禀赋优异　立体气候明显，生态环境优越，成功创建省级生态文明县、省级园林县城，钛、铁、铜、木纹石等矿产资源储量丰富，其中，钛矿储量占楚雄州的76.6%；物产特色鲜明，有重楼等野生名贵中药材，是云南白药重要原料基地，素有"云药之乡"的美誉；拥有全州唯一的天然森林温泉资源。

②文化底蕴深厚　武定县享有"国家公共文化服务体系示范区"称号，汉、彝、苗、傈僳等多民族文化融合形成的罗婺文化璀璨厚重，以万德土司府遗址为代表的彝族原生

态文化独具魅力；民族风情浓郁，火把节、泼水节、花山节等传统节日，还有《罗婺彝韵》《武定酒歌》等民族原生态歌舞文化特色鲜明；红色文化熠熠生辉，中共武定特别支部纪念碑、狮子山红军哨等红色遗迹见证了英勇光荣的革命历史和革命精神。

③发展机遇凸显　武定县属于国家乡村振兴重点帮扶县、云南省国家层面重点开发区，武定产业园区是全省优化提升保留的48个省级开发区之一。随着"滇中崛起、沿边开放、滇东北开发、滇西一体化"、建设"一极两区"等省州系列发展战略、利好政策的叠加，武定县的区位优势、产业基础、资源条件、生态环境正逐步形成协同效应，枢纽地位和投资"洼地效应"进一步显现，打造优势互补、协同联动、错位发展的区域发展共同体具有诸多有利条件。

(4)昆明市主城饮用水源区扶持补助办法

①补助范围　云龙饮用水源补助对象限定于以下区域内农村户籍人员，包括皎平渡镇长麦地村委会、马鹿塘乡麻科作村委会、赊角村委会、茂山镇娜拥村委会廖家沟村、撒营盘镇(不包括德嘎、升发、康荣村委会)、团街镇马初村委会、云龙乡新合、联合、拥箐、金乌、本长、云利、新山。共涉及6个乡镇、26个村委会、227个自然村；云龙饮用水源区一级核心区的已搬迁人员的农村户籍人员；有部分山林、耕地在水源区内的农村户籍人员。

另外，具有以下情形之一的不得或停止享受扶持补助政策，被国家机关、事业单位、国有控股企业录(聘)用；扶持补助对象死亡的；享受过一次性户籍迁出奖励政策的；水源保护区调整，不再属于水源保护区的；自本办法正式印发之日起非婚迁入、非新生儿落户水源区的。

②补助内容　民生保障补助：民生补助、医疗补助；生态环境治理设施运行补助：污水收集处理设施运行管理补助、垃圾收集转运系统运行管理补助、"农改林"地租及林地管护补助；管理补助：巡查考核监督管理工作经费、规范化设施维护费用、危化物品检查站运行管护费用；备付金。

③云龙水库水源区扶持补助的具体流程　补助对象的核准和兑付流程：云龙水库扶持补助资金按照"初审—上报—核准—发放"程序兑付。"农改林"地租兑付流程：由属地乡(镇、街道)人民政府对"农改林"面积及资金进行审核后报县水源保护区管理局，由县云龙水库水源保护区管理局按照补助标准将资金划拨各乡(镇、街道)。各乡(镇、街道)将兑付资料(发放名册和银行流水)整理装订，形成完整痕迹材料存档，并报县云龙水库水源保护区管理局备案。

材料2　云龙水库移民搬迁产生的效益

云龙水库移民搬迁在多方共同协作下，历经多年取得了不错的成绩，水源保护区的移民搬迁所涉及的问题范围较广，关系到云龙水库水源保护状况、移民切身利益、当地经济发展以及社会稳定，下面将从云龙水库移民搬迁对当地的生态、经济和社会3个方面产生的影响进行概述：

①在生态效益方面　云龙水库的移民搬迁所进行的生态补偿工作对落实生态文明发展、建设城市和农村生态文明具有重要意义，推动了昆明对水源地生态补偿机制进行构

建。云龙水库森林覆盖率高，水源涵养林功能有所退化，库区乱砍滥伐现象时有发生，土地利用结构不合理，存在山体滑坡、过度放牧和水体中白色垃圾污染等严重问题。依据云龙水库的自然生态条件构建了2个核心区、3个生态源、5个关键点、9个板块、11个生态廊道和众多生态楔组成的"两核三源五点九板十一廊"的景观生态安全空间格局，缓解自然生态与经济社会的冲突，使水资源得到可持续发展。除此之外，在移民搬迁前，居民的生产生活给云龙水库水源区的自然环境带来了破坏，农作物种植过程中投入的农药、化肥对耕地及水质产生了严重危害，加之家畜放养，促使云龙水库水源区生态环境恶化、水域污染严重；水源区生活垃圾、农用固体废弃物和农村废水等严重污染了3条流入水库区的河流，并且对该区域的农业生产环境和人们的居住环境造成破坏。

云龙水库附近居民搬迁后，相关政府部门对云龙水库区周边的陆地与水域进行治理，对该区域建立村庄垃圾处理厂、污水处理池及沼气池等减少污染的措施，杜绝了固体废弃物乱堆乱放、污染环境等现象，有效地保护了云龙水库水体的洁净。为了保证水源区山清水秀，水库明令在一级、二级保护区实施家畜(禽)禁养、禁花、禁菜及进行退耕还林工作；在一级水源保护区的库区周边种植湿地保护林、净化水体；在二级保护区退耕还林，种植桑树和果树防止水土流失，对保护水库水体发挥了重要作用。移民搬迁的居民搬离后，农田也进行休耕，农药化肥的施用量也因此减少，土壤也得到了修复。通过增加水库周围森林覆盖面积，提高植物对雨水的截流作用，水土流失和滑坡等自然灾害得到了有效控制。

②在经济效益方面　云龙水库移民搬迁后，对库区水源进行保护和治理，满足了对水质的要求，并且水资源开发利用受益方可通过依法缴纳相关税费的方式来分摊补偿费用，如水费，水资源使用相关的水电、水产、旅游等相关用水企业以及水环境的税金、收费等。费用的多少可以根据开发使用的水量、水质以及紧缺程度、受益方所获利益的大小来确定。云龙水库的水资源距离昆明市区近，水量丰富，水质优良，运行费用低且水库淹没及占地损失相对较少，调水量对水源区的利用影响较小。同时，云龙水库移民搬迁的居民在搬迁后的经济状况得到改善，政府对移民搬迁后的居民进行长期补助，为移民搬迁者提供基础的经济保障，改善了其基本生活条件，避免了搬迁前因自然灾害和人为因素影响导致农作物减产而造成的收入减少的局面，主要包括直接资金补助和物资补助，至2020年禄劝县云龙水库水源区移民长效补助标准为每人每月720元和大米补助每人每月90元；政府安排了各种专项资金，如生产补助方面的退耕还林补助、平衡施肥补助、生活补助方面的能源补助、农村医疗补助、学习补助、粮食补助，管理补助方面的护林员补助、保洁员补助、水源区管理和保护工作经费以及水源区森林防火、病虫害防治和林政管理专项补助等，极大地促进了安置地的经济发展。除此之外，移民进入城里，有了更多的就业机会，从而也能够增加经济收入。

③在社会效益方面　云龙水库移民搬迁后从根本上改善建设区域的安全与水资源环境条件，大大提高了云龙水库的水质，改善了生态环境和居住环境。一方面在乡村和沿河风光带等项目的建设直接提升了城乡环境容貌，改善和促进城乡居民生活环境质量与生活水平；移民搬迁后，在各政府部门、居民、社区等共同努力下改善了当地生态环境、提高居民生活水平、促进农村劳动力的转移、实现劳动力异地就业和增加居民收

入。移民小区由政府统一选址、统一规划和统一建设,临近交通干线,周围配套产业园区、幼儿园、中学以及社区医院等,不仅解决了饮水、通信、用电等基本生活问题,而且能够享受县城教育、医疗和社保等各项福利。另一方面生活条件的改善,提升了居民的幸福感。搬迁后,大量的农户涌入安置地,移民搬迁后获得了更多的就业机会,娱乐设施、交通便捷程度都有很大幅度的提高,从而提升了居民的幸福指数。云龙水库移民安置按照科学合理的方法,对后续水利水电工程的高效性和政府部门的科学管理的可持续提供了重要的影响。在继续坚持长期治理与近期治理相结合,治标与治本相结合,工程治理与生态治理相结合的保护原则指导下,省、市、县应加大人力、物力、财力支持,做好三级水源保护区农业生产生态建设工作,确保云龙水库水源区饮用水安全,促进昆明市经济、社会持续稳定发展,提供优质的水资源服务。

材料3 云龙水库移民搬迁相关报道(表1-3)

表1-3 云龙水库移民搬迁相关报道

时间	会议主题	主要内容	主持部门
2014	禄劝彝族苗族自治县成立云龙水库移民创业园	创业园成功注册4家企业,涉及劳务、保洁、手工艺品等领域,已组织培训移民近500人,加工销售民族工艺品500多件,劳务输出1000多人次	昆明市民族宗教事务委员会
2015	关于对云龙水库移民安置情况的视察报告	指出要提高认识加强宣传;加强配套设施的建设;制定动态灵活的政策;加强技能培训扩大就业	昆明政协
2019	中共禄劝县委关于云龙水库重要饮用水源保护治理工作机动巡察整改进展情况的通报	制定《云龙水库一级保护区移民搬迁人口管理办法》《云龙水库一级保护区移民搬迁正常合法新增人口审核程序》《水源区农村劳动力现状调查有关情况报告》《关于云龙水库水源保护区学生享受优质教育资源的意见》	昆明市党风廉政网
2020	禄劝县云龙水库移民搬迁长效补助资金	2020年禄劝县云龙水库移民搬迁长效补助资金项目发放的云龙水库一级保护区搬迁移民长效补助,保障和改善了搬迁移民基本生产生活条件	昆明市搬迁安置办公室

1.2 案例说明书

1.2.1 课前准备

(1)按照5~7人一组分组,课前给每组准备一张空白的A4纸,用于书写小组讨论意见,讨论意见逐条分行横列,白纸可以正反两面使用。
(2)准备若干支笔,给每组分发一支用于书写讨论内容。
(3)准备磁铁若干,用于将写好答案的A4纸贴在黑板上。

1.2.2 适用对象

本案例是为接受"行政管理"相关课程学习的本科生、学术型研究生以及 MPA 学生设计的，同时也适合公共管理专业其他研究方向的研究生使用。本案例还适合对公民参与有兴趣的非专业人士、学生和实践操作者学习使用。

1.2.3 教学目标

（1）梳理云龙水库水源保护区移民搬迁的来龙去脉，了解在开展移民搬迁工作之前所做的前期准备工作以及生态补偿政策的制定，探讨政府部门在生态移民搬迁工作中发挥了哪些作用。

（2）讨论本案例中所涉及的各方利益主体在个人需求、承担社会责任以及所扮演的角色等方面的不同，了解在移民搬迁过程中所遇到的困难，掌握相关部门为解决问题所采取的动态灵活政策以及政府处理问题的方式和程序。

（3）通过对比搬迁前后居民生活所产生的变化，讨论在实施移民搬迁之后都对社会、经济以及生态产生的哪些影响，从而进一步突出移民搬迁工作的意义。

（4）引导学生思考在开展生态移民搬迁过程中应该注意的因素、需要解决的关键问题以及如何增强政府的执行力，从而能够更好地满足民众的多样化需求。

1.2.4 教学内容及要点分析

1.2.4.1 教学内容

（1）对云龙水库的基本情况进行介绍，主要包括云龙水库建立的原因、所处地址以及周围的社会经济发展现状，为下文更好的分析移民搬迁过程中所遇困难做好背景铺垫。

（2）了解云龙水库移民搬迁中所涉及的生态补偿方案，主要包括补助范围、补助内容以及相关的补助流程等。

（3）梳理云龙水库移民安置由"民"转"城"的变迁之路，总结搬迁过程中所遇到的问题以及相应的解决方法，主要包括住房、教育、生活等。

（4）讨论云龙水库水源保护区居民搬迁后，在生态保护、经济发展以及居民生活等方面所产生的影响。

1.2.4.2 要点分析

（1）移民安置方案的制定是实现云龙水库移民安置由"民"转"城"变迁之路的首要问题，各部门各司其职是成功的关键

生态移民搬迁是由于生态系统遭到严重破坏或者自然环境极其恶劣，该地区的人口向其他地区迁移的过程，其主要目的是为了使该区域内生态系统得到保护和修复。通过搬迁不仅可以减轻原居住地的人口压力，改善当地的生态环境，同时，也能够促使移民逐渐改变原有的生产方式、积极调整和优化经济产业结构，这也可以提供更多样的就业

机会，从而增加经济收入水平。但是搬离居民长期生活的土地，会导致土地征收的减少，削减移民的福利，也会降低依靠土地而拥有的可持续生计能力，因此，为了弥补居民搬离故土所做的牺牲，政府也对此给予搬迁移民进行相应的货币和实物补偿。

移民搬迁安置是一项复杂的系统性工作，就移民搬迁安置工作主体的层面看，各级党委政府是移民工作主要责任主体，主要负责规划统筹、监督、执行等工作。县级有关职能部门负责监督指导及管理考核工作，其中云龙水库水源保护区管理局统筹协调做好云龙水库水源区的日常保护、管理、治理以及扶持补助资金的管理使用和监督指导等工作；县财政局负责补助资金的拨付，并监督、指导资金的使用和管理；县水务局负责做好水利基础设施建设，水源区河道治理，清洁小流域治理，移民搬迁补助政策的落实等工作；市生态环境局禄劝分局负责做好水质监测系统建设与运行，水源区农村污水收集处理设施建设与运行、尾水湿地建设与管理，查处在饮用水源保护区环境违法等工作。

水源区乡(镇、街道)是移民工作的落实主体，按照属地管理原则，全面抓好本行政辖区内水源区的护林保洁、禁牧禁养、产业结构调整、垃圾污水收集处理、保护项目管护、生态环境治理等水源保护工作。同时，牵头并组织开展区域内的移民人口搬迁安置工作，做好本辖区扶持补助资金的审核及兑付工作，保障各项扶持补助资金在云龙水库保护工作中发挥最大效益，多部门共同保障移民工作的顺利实施。

(2) 由"民"转"城"变迁之路的顺利进行是各种社会角色共同努力的结果

生态移民完成搬迁后在一定程度上缓解了迁出区的资源环境承载压力，能够促进区域内资源环境的保护与经济社会发展之间的协调。但是当居民移入新移民社区之后，其社会关系、生产生活方式以及文化心理等因素均发生了显著变化。因此，在完成搬迁工作后的很长一段时间都是移民社区关系整合的关键时期，应该注重移民与社区关系之间的融合。移民因原本的生活习惯、社会交往关系发生改变，也导致移民社区的文化和社会关系出现变化，文化融合、经济发展与生态建设成为急需解决的主要问题。

①移民社区帮助移民尽快适应新生活　通过提供更细致的社会服务，设身处地地想群众所想、急群众所急，尽最大努力去解决移民的后顾之忧，携手共创了一个清洁、文明、有爱、舒适、优美的社区环境，极大地提升了社区居民的归属感和幸福感。除此之外，因为禄劝县和武定县都是少数民族集聚的地方，为了能够打破居民之间所存在的语言障碍，各部门都在积极地寻找和培养能够熟练掌握普通话及彝族、苗族、傈僳族等少数民族语言的人才，并将相关政策汇编之后用各种民族语言进行录制，借助"村村响"等宣传媒介进行宣传，这不仅能够拉近与全体居民的距离，而且保证了政策宣传的全面覆盖，能够显著提高群众的参与率和执行力，为后续工作的顺利开展奠定了良好的基础。

②政府保障移民权益责任　移民权益的有效保障需要以政府为主导，这也意味着政府不仅要明确保障民众的合法权益、认真履行其职责范围内的社会管理以及公共服务的责任，而且要加快政府深化政府职能的转变、加强政府权力的规制、提升政府勇于承担责任的意识，从而全方位、高质量地做好移民权益保障工作。政府主要做好以下几个方面的责任保障：一是政治责任方面，由民众和政府的基础关系对政府的责任做出明确规

定，人民群众将自身所享有的一部分权力让渡给相关的政府部门，并且要求政府来承担相应的责任，使双方之间形成了一种委托代理关系，从而身为主导者的政府根据群众的委托来承担公共资源管理的工作，并且要对公众负责。除此之外，政府代表人民利益这一性质，也决定了政府必须要积极承担起维护移民权益的职责，必须介入移民安置权益保障工作之中，发挥出与其地位相称的作用。二是管理服务责任，要坚持以人为本，以人的需要、人的幸福平等为中心考虑、安排、设计规章制度、谋划发展等问题，为全面进行社会管理、完善公共服务，有效保障移民权益提供合理的利益获得渠道。同时，政府部门可以对社会互助组织、社区工作部门、移民群众等开展动员工作，呼吁大家积极参与到相关的治理工作中，通过彼此之间的深度协调来完善移民搬迁后的相关治理工作。

③企业为解决就业问题助力　企业在云龙水库移民安置工作中也发挥着至关重要的作用，为移民提供了大量就业岗位，协助政府解决了当地居民就业难的问题。就业问题是民生之本，是居民获得经济收入的主要来源。对于移民来说，搬迁之后，他们不能继续种植农作物、养殖牲畜等，也不再能够继续按照原本自给自足的生活模式生存，而政府所给予的补助也难以支撑日益提升的物价水平。同时，因不能从事劳作，也会有更多的劳动力闲置，因此，需要解决就业问题，提升经济收入。为此，相关部门积极开展招商引资工作，吸引更多的企业建厂投资，以此来解决当地的就业问题。除此之外，在相关政策扶持下，还大力推行"支部+合作社+农户"的生产经营模式，经过政府、企业和农户的共同努力，结合各地所具有的特色产业优势组建合作社、帮扶协会等，使产业规模不断扩大，也为当地居民提供了越来越多的就业岗位。

(3) 政府应该如何应对移民的多样化需求

移民的多样化需求应该如何满足？相关生态补偿制度如何制定和实施？这些对移民工作的开展都有很大的影响，政府也必须要给予充分的重视和积极的回应，不能有任何敷衍和不作为。总结移民安置过程中移民的需求主要集中在哪些方面，并以此分析云龙水库移民搬迁过程中因各种因素最终导致部分移民的滞留，这不仅阻碍了移民安置工作的顺利开展，而且对水源区保护工作产生了不良影响。除此之外，随着生活质量以及物价水平的提升，原有生态补偿方案中所涉及的补助内容可能已经不能满足现阶段居民的日常生活，为此，相关部门也应该及时采取相应的动态补偿机制，从而更好地满足移民的基本生活需求，能够实现移民的安居乐业。

(4) 讨论移民搬迁之后如何解决移民的民生问题，这具有重要的现实意义，也是本案例的重点

民生问题是百姓的最基本的生计问题，其最主要的表现是在吃穿住行、养老、就医以及子女教育等生活所必需的需求方面。民生问题不仅是政府部门工作的重心，也是人民群众最关心、最直接、最现实的利益问题。移民搬迁之后如何解决移民的民生问题，也是一个很具有现实意义的热点讨论话题。通过对民生问题展开讨论，可以拓展学生处理问题的思路和方法，提升处理问题的能力。通过本案例应该指导学生明确移民搬迁后的民生保障问题。因为利益相关者存在着需求多元化，在这个过程中也会遇到很多难以调和的问题和矛盾，但是通过政府、社区以及企业等多方的配合会在一定程度上缓解存

在的问题。其中,民生问题在经济社会发展的过程中占据十分重要的位置,是推动经济持续健康发展、保持社会和谐稳定的重要保证,如何保障移民后续的民生是完成移民搬迁后需要认真思索和解决的重要问题。

1.2.5 教学安排

对于本案例,教师应该首先利用10~15min指导学生理清云龙水库移民安置事件的缘由以及发展脉络,然后逐一引导学生了解云龙水库移民安置工作中所遇到的问题以及解决的方案,如住房问题、就业问题、生态补偿制度、生活补贴、教育补助等,从而更清晰地了解学生对理论知识的掌握情况,并锻炼学生将理论和实际应用相结合的能力。

接下来教师围绕课后布置的问题逐一展开相应的课堂讨论,引导学生根据所学理论知识,结合相关的案例给出自己的见解。注意在这个过程中要把握好整体的节奏,给予最后一个问题预留足够的时间(至少不低于一次大课的1/4时间),这个问题要求学生们利用所学到的知识和对社会的了解各抒己见,教师一定要求学生自己或以小组进行思考和分析。

最后,请学生们根据案例提出他们的疑问,并请其他学生对问题展开讨论。讨论中要鼓励学生表达他们自己的观点,教师要把这些观点在黑板上罗列出来,或由各小组写到各组的白纸上,教师不要评价更不要批评学生的这些观点。如果学生们的观点范围比较狭窄,教师可以通过提出问题让学生回答来启发他们的思维。具体问题的讨论应该以启发的方式,引导学生来提出案例中出现的实质问题。如果学生们在讨论具体问题之后,对解决问题的思路仍然模糊,教师可以针对具体的问题展开更加详细的讲解。

1.2.6 补充材料及其他

本案例所涉及的补充材料主要包括《关于云龙水库移民搬迁的生态补偿方案》《昆明市主城饮用水源区扶持补助方法》等政策文件。同时,在案例讲解的过程中也将选择以调研拍摄的相关照片作为辅助材料,从而帮助学生更好地了解云龙水库移民安置工作的情况。

参考文献

方绍东,黄英,等,2010. 昆明城市发展进程中的水资源演变分析[J]. 水资源保护(06):32-36.

付伟,罗明灿,等,2022. 生态经济与绿色发展教学案例[M]. 北京:气象出版社.

谷永丽,王瑞华,2015. 昆明市云龙水库饮用水源区生物多样性保护规划研究[J]. 安徽农业科学,43(27):192-194.

洪忠,2020. 云龙水库水源保护区水源涵养林建设探讨[J]. 林业建设(02):42-48.

李铭,2021. 浅谈建设工程档案管理工作——以掌鸠河引水供水工程档案管理工作为例[J]. 云南档案(01):53-55.

李悦,2014. 云南跨流域调水生态补偿机制研究[D]. 昆明:云南财经大学.

潘光才,2021. 易地扶贫搬迁前后移民生计比较研究——以贵州省为例[J]. 广西社会主义学院学报，32(05)：81-86.

王淼淼，2003. 试论水资源可持续发展的开源与节流——从昆明市掌鸠河引水供水工程建设的意义谈开来[J]. 云南财贸学院学报(05)：45-47.

王敏，2013. 云龙水库水源区生态农业建设与可持续发展[J]. 云南农业(02)：12-14.

杨永琴，2015. 云南省云龙水库水源保护区生态补偿标准研究[D]. 重庆：重庆大学.

张宁川，2016. 昆明市主城饮用水源地生态补偿机制现状研究[C]. 云南省水利学会2016年度学术年会论文集，731-738.

周云，2002. 昆明市掌鸠河云龙水库淹没处理与移民安置[J]. 云南水力发电(S1)：30-32.

庄玉敏，2010. 云龙水库水源地管理与保护问题研究[J]. 国土与自然资源研究(05)：63-65.

思考题

1. 简述云龙水库移民安置由"民"转"城"的变迁之路并说明移民搬迁产生的影响。
2. 总结移民搬迁过程中的问题及相应的解决办法。
3. 讨论在开展移民搬迁过程中应该注意的问题及如何进行提前规避。

案例2

云南象群北迁南返事件引发的思考
——基于网络政治参与视角

(郭佩惠　王丹鹤)

摘要：2021年，一场罕见的野生亚洲象远距离迁徙活动，引起国内外媒体广泛关注，十多头原本栖息在中国云南西双版纳的野生亚洲象走出丛林，北上数百公里，一路上象群受到了沿途老百姓和政府相关人员的保护和关照。对于这一现象，各国网友都给予了高度的关注和评价，中国政府和云南省委、省政府更是高度重视。为解决或缓解因人象冲突而产生的各类矛盾，云南省委、省政府、野生动物主管部门做了大量的工作。虽然目前象群已经平安回归家园，但是象群北迁现象发生后，引起了社会各界的深入思考。本案例通过对云南象群北迁南返事件中网络政治参与的分析与思考，具体探索网络政治参与对政府行政决策及行政能力和行政生态的影响；进而分析网络政治参与的重要性和近年来网络政治参与存在的问题及对策的完善；从而引导大学生如何正确理性地进行网络政治参与。

关键词：云南象群　北迁南返　网络政治参与

2.1　案例正文

引　言

云南野象属亚洲象，国家一级保护动物，2012年被列入《世界自然保护联盟(IUCN)濒危物种红色名录》。目前，中国的亚洲象分布仅限云南西部或西南部，数量大概在300头左右。

2.1.1　引发世界关注的事件

2020年3月15日，16头云南野生象集体北迁，从西双版纳进入普洱"一路象北"，其中一头在普洱市墨江县生下一头象宝宝，迁徙象群意外走红。随后，英国《每日邮报》网站刊登大象睡姿的照片，英国《卫报》、美国《华盛顿邮报》、日本NHK也相继报道评论，这一事件在全球范围引起热议，云南北迁象群一时火遍全球。2021年10月11日，世界生物多样性大会第十五次缔约方大会(简称COP15)开幕式上的宣传片《象往云南》的先后几次精彩呈现，有力地展现了中国森林消防队伍在守护祖国绿水青山、守卫人民生命财产安全等方面的良好形象。"一路象北"事件是如何正确处理人与自然关系的案例。其中，网络媒体积极引导网络舆论，并对政府的行政过程提出了大量的参考意见，网络参与促进政府行政过程的推进并影响着政府的行政过程，这就需要着重把握网络政治参与产生的效应。

2.1.2 全民观象的热潮

中国云南的大象一路北上，最终向往何方引发激烈讨论，一时之间网络平台成为谈论的主阵地。2021年6月7日，云南省森林消防总队的无人机监测到象群的踪迹，并拍下一组引发全网关注的象群照片。照片中大象三五成群侧卧平躺休憩，姿态颇具喜感，被打上"大象卧倒"的标签后迅速引发海内外主流媒体的广泛关注和报道。公众的网络参与讨论空前热烈，在此事件上政府和相关部门反应迅速，及时展开了一系列缓解人象冲突的保护措施，全民观象不仅引发国人的关注，也让全球范围民众因关注大象的脚步而看见中国，从此次事件中看出象群北上不仅是舆论的狂欢，更是引发了公众深入探讨人象和谐关系、人与自然和谐的关系。

2.1.3 引发热议

2.1.3.1 "追象人"的声音

"追象人"杨翔宇，云南省森林消防总队信息通信处助理员，担任野生象北迁南归搜寻监测分队队长，一直坚守在一线，曾与大象面对面偶遇。杨翔宇表示大象像上下班一样，夜间活动，白天休息，并对大象会过桥感到惊奇。从2021年7月10日两头公象想方设法拯救落水小象的事件中感受到大象具有和人类很相似的情感。杨翔宇说："我确实感觉到人和象好像是有一种默契。监测过程中，我们发现亚洲象的最大目标就是'吃好'，所以选择路线的时候会考虑食物和水源的因素。"

2.1.3.2 称赞的声音

云南省森林消防总队应急通信与车辆勤务保障班班长张雄偶然拍摄一张大象相拥而眠的照片走红社交网络。张雄表示，自己看到这个画面时也很震撼，印象中象群是顽皮的，没想到他们睡姿这么温馨。当大象相拥而眠的照片走红网络后，网友深刻感受到我国政府在生态环境保护方面所取得的成效，也深刻体会到人象和谐、人与自然和谐画面。国内外媒体都对中国政府的生态保护政策和中国老百姓的生态保护意识纷纷点赞。

微博、抖音等社交平台成为网友们热议的主战场，《南华早报》在视频网站上发布《云南"出游"象群视频集》，其观看次数最高时达403万次，网友纷纷留言："谁能想到睡梦中的大象宝宝是如此可爱！祝福它们旅途顺利！"也有人调侃道："他们竟然吃了200kg玉米，喝了2t水。"

中国政府没有选择用麻药麻醉的方式对待意图迁徙的大象，而是以保护、尊重、平等的态度对待象群，以很自然的方式为象群建立投食区，诱导大象远离居民区，也受到外国网友的支持和称赞："很敬佩中国人选择了这样的方式去照顾大象！"

一直关注云南野生象群北迁的著名大象行为专家、西班牙生态学家阿欣荣坎波斯-阿尔塞斯，对于云南当地民众的动物保护意识给予很高评价："在中国，大象居住地的居民对他们容忍度很高。这其中有当地文化的原因，也有法律的约束。"

非洲大象保护倡议基金会人象冲突小组组长、方案开发主任格丽塔·罗丽（Greta Flori）对于中国的应对措施表示称赞。她表示，中国一直寻求与亚洲专家和其他国际专家合作，共同探讨对象群和人类最好的解决措施非常值得赞扬。中国向国际释放了一个非常积极的信号，尊重自然、保护自然和顺应自然的生态文明理念，体现出中国致力于保护大象的承诺，释放出人与自然和谐相处的信号。

美联社在6月8日的一篇报道中，表明该象群已成为"国际明星"，社交媒体推特和Youtube上充满了象群的视频，特别是成年象将掉入水沟的幼象拉起来的视频片段，一位名为 Mr. Deterministicchaos 的用户在 Youtube 上评论说："我们更应该像大象一样，重视家庭，一家人出去度假，互相帮助、关心、保护。"美联社还报道称，在中国的微博上，象群北迁一事已经连续多日保持高热度。法新社则报道称，象群的"历险"吸引了全世界的关注，"上亿人在社交媒体上讨论它们的旅程"。

2.1.3.3 担忧的声音

2021年6月2日晚，北迁亚洲象群沿云南省玉溪市红塔区春和街道老光箐村北侧前进，进入昆明市晋宁区双河乡。6月3日凌晨，无人机监测团队在老江河村旁边的象鼻山发现象群。从亚洲象群的行进路线来看他们正在往偏西北方向迁移，但象群最终将去向何处依然成谜。

北京林业大学经济管理学院林业经济系教授谢屹接受澎湃新闻采访时表示，亚洲象北迁是一个非常复杂的科学问题，是一个包含生态学、动物行为学，乃至社会学和管理学的一个跨学科和多学科问题。能让亚洲象停下来并认可的自然区域应具备充足稳定的食物和水源、适宜的温度等，曾经有一些适合他们的栖息地，但他们却没有停留。"从途经的每个县区停留的时间来看，可能侧面反映出越往北走其适宜的栖息地越难找。下一步，是否会找到它们自己所期望的栖息地，让它们停留下来，这具有一定的可行性，但是需要深入的科学研究和监测观察来进一步验证。"若任其北迁，无论是对人类还是亚洲象群的安全保障都将更加严峻。谢屹表示，从亚洲象北迁过程来看，其涉及的某些地区，如普洱以东、以北等都是没有大象的区域，或是缺乏对于大象肇事管控经验的地区，在这种情况下，既要保障当地群众的生命安全，又要保障大象的安全，对于政府来说是具有很大挑战性的，政府要投入巨大的人力、物力和财力，才能保障人象和谐。为了防止象群进入人群密集区和城区，政府都想方设法地引导象群往人员稀少的山区走去。所以，对于当地政府来讲，无论是保障人还是保障象群都面临着严峻的考验。

云南大学生态与环境学院教授陈明勇表示，象群继续北上或将面临小种群的灭绝。由于当前的栖息环境并不适合野象生存，野象体质下降、生病的可能性增加，未来由于缺乏基因交流，他们可能成为"注定灭亡的小种群"。针对此情况陈明勇认为，可参考国际上对原有栖息地进行改造或是人为干预，但最终采取哪种措施，还是要结合实际情况，了解象群的移动方向和目的等因素再进行研判决定。

2.1.3.4 推测的声音

象群为何会北上,如何让这象群回到普洱或西双版纳,亚洲象真如宣传的那样可爱和温顺吗,有关机构在这次象群北上中做了什么,我们该如何与象相处?

此前有专家称,象群北上是因为原有栖息地遭到破坏,食物匮乏,北上是为了找食物;也有人说,是象群的首领迷路了才一路向北。

中国科学院强磁场科学中心暨国际磁生物学前沿研究中心研究员谢灿和曾研究北美帝王蝶迁飞与磁感应的南京农业大学青年教师万贵钧持有不同的观点。

谢灿在5月30日朋友圈提出:"我更相信这是云南野生大象固有迁徙本能的一次觉醒,有可能是因为某次太阳活动异常引起的磁暴激活了这种本能。"5月31日他告诉记者象群北上单纯为了食物并不是好选择,并且长距离行进,方向明确,不符合单纯觅食的特征,这更像迁徙,先北上,然后可能掉头返回,再南下。2022年2月18—19日曾发生过中等地磁暴,与云南亚洲象3月开始北上的时间刚好吻合,之后象群进入普洱市、玉溪市以及两头大象返回普洱市均出现了中小型磁暴,所以,谢灿表明如果云南亚洲象明年或者未来还有类似的"远足"行为,那么也许可以说明他们迁徙的本能已经觉醒,并且在地球磁场的指引下开始慢慢建立周期性迁徙的模式。

万贵钧同样赞成谢灿"地磁暴可能以某种方式激活了这群亚洲象的迁徙本能"的观点,但是除此之外,这种不可见不可触摸的地球磁场可能还在另一个维度影响着象群:定向和导航。

根据澎湃新闻报道,北京师范大学生态学教授张立分析,亚洲象从西双版纳向外扩散迁徙的根源可能是栖息地面积减少及质量下降。由于近年来版纳推广橡胶种植和茶树种植面积增加导致栖息地被压缩,大象只能出走寻找适合的栖息地,如果没有找到合适的,可能还会再回来,如果恰好有合适的栖息地可能会长期停留。

对于是否劝返象群,谢灿表示,对于第一次观察到亚洲象自发迁徙,我们尚有许多未知,应尽可能在没有人为干扰的情况下,观察其迁徙行为和地磁导航机理,这意义无比重大。万贵钧表示,从物种保护来讲,回归适宜的栖息地,对人象都有好处,他们只是遵循本能在无意间踏上迁徙的路途,但如果"断鼻家族"像大多数迁徙动物秋季才返回,将还有相当长的时间和未知。

2.1.3.5 不和谐的声音

在云南野象走红网络的同时,一些网红主播为了不错过热门流量,纷纷赶往象群途径的地点直播。其中在云南玉溪红塔区洛河乡一处投食区域,一名主播捡起大象吃剩的菠萝,用脚踩碎并捡起果肉吃,而且直播给网友看,并说很好奇,已经追随象群4天了。随后经相关工作人员劝导后才没有私自追踪大象,作为普通民众我们一定要积极配合政府相关工作人员的工作,不要私自到管控区域,不要给政府添乱,遵守相关的规章制度就是在保护大象。

云南野象"旅行团"的出圈也引发了网络上关于"小象莫莉"事件的关注,不少网友为大象表演、虐待动物发声,在微博平台上呼吁"拒绝动物表演、保护生物多样性""呼吁禁止虐待动物、尽快立法"等。

2.1.4 各方做法

2.1.4.1 网　民

云南森林消防总队运用远度3VS大型无人机对象群进行实时勘察、跟踪，并将大象沿途经过的实时状况同步发在网络上，让大批网友直呼是"追剧象群迁徙"，网络上涌现大量民众关注，针对象群北迁这一现象，政府专门成立了负责象群安全的安全防范工作领导小组和7个专项工作组，在肯定政府应对大象北迁所做工作的同时，网民们也强烈表达了希望相关部门能够尽快采取措施送大象们安全抵达栖息地。不少网民表示云南省林业和草原局对于这次大象迁徙的紧急事件采取的应对措施非常及时和合理，不仅是政府反应及时、沿途的民众对大象的态度也十分包容，真正展现了人象和谐相处的美好画面。

在这场"全民观象"中，人象和谐关系成了舆论焦点，也有更多的网友对此事产生了思考。"如果不是网络发达，是不是大象迁徙的事件就不会被广泛知晓了呢？""心疼追象人们，常常半夜进山寻象。""是不是更多的人类活动让象群的栖息地减少了，所以它们才集体出走？""象群北迁事件是不是也给我们提了个醒，人与自然要和谐相处，保障安全和谐共生，人与自然要保持平衡！""云南省政府、省林草局反应很迅速，给我们做了榜样""究竟该如何保持生态平衡，人与象和谐相处，政府该采取哪些措施？"

网友在关注云南亚洲象的同时还引出了关于小象莫莉的事件，大象吸引了全国人民的关注，但还有一些地区存在着虐待动物、强制动物表演的事件。"大象是人类的朋友，拒绝动物表演""我们该如何拯救更多的小象莫莉？""在生物保护多样性取得新进展的今天，一面宣传保护野生动物，一面仍存在被殴打、恐吓圈养野生动物，这该怎么办？"

网友普遍认为，在"一路象北"事件上，云南省以及地方政府采取了尊重、平等的态度处理人象关系，政府的态度是公众关注的核心，本次事件大家都感受到了政府是本着负责任的态度处理问题。但是随之牵扯出来的动物表演事件具体该如何解决，网友们拭目以待。

2.1.4.2 政府部门

云南省委、省政府高度重视此次象群迁移行动。亚洲象群北移安全防范和应急处置工作多次召开专题会议研究；要求千方百计确保人象安全；科学有序引导象群回归家园；国家林业和草原局及时派出指导组靠前指挥、大力支持；沿途群众积极配合、理解包容；各地政府勇于担当、主动作为。全过程累计：出动警力和工作人员逾2.5万人次；无人机973架次；布控应急车辆逾1.5万台次；疏散逾15万人次；投放象食近180t；野生动物公众责任承包公司受理亚洲象肇事损失申报1501件；评估定损512.52万元；完成理赔939件；兑付保险金216.48万元。

这是一次人与野生动物的对话与交流，为了最大限度地避免人象冲突，当地政府有条不紊地提出了应对政策。云南省林业和草原局成立亚洲象北迁安全防范工作领导小组和7个专项工作组，指导各地开展监测预警、安全防范、宣传引导，国家林业和草原局也专门派出专家组赴滇，共同商讨应对象群北迁相关措施实行群策群力的专业应对。据报道，截至5月27日的40多天内，象群就已接连"肇事"412起、破坏农作物842亩*，造成直接经济损失近680万元，为打消民众顾虑，相关损失全部由地方政府和保险公司赔偿。仅6月15日一天，易门县、晋宁区现场指挥部就投入应急处置人员及警力96人，出动渣土车196辆、挖掘机等工程车12辆、应急车辆68辆、无人机12架，疏散群众1074户、3420人，投喂象食1.5t，以确保沿途群众安全。

2021年8月8日，云南省森林消防总队野生亚洲象搜寻监测无人机执行监控75天，指挥部专家组和工作人员为帮助象群南返，经过周密的研究准备出两套方案，一是渡江，二是过桥。由于元江流速过大，预计其无法自行渡过，为保证象群顺利过元江桥应及时发布预警、及时疏散人群、及时组合封控，保证象群及时顺利过桥。

2021年8月9日，云南北移亚洲象安全防范工作省级指挥部召开新闻发布会介绍，15头北移亚洲象已全部安全南返，象群总体情况平稳，沿途未造成人、象伤亡，云南北移亚洲象群安全防范和应急处置工作取得决定性进展。北移亚洲象群安全防范及应急处置指挥部常务副指挥长杨应勇为帮助象群顺利渡过元江干流，工作人员步行走完元江县境内76km的元江河道，结合象群位置进行分析研究，最终选择让象群从老213国道元江老桥渡江。在助返过程中，象群无数次偏移预计线路，但经各方共同努力，奋战13天12夜后，象群从桥面上顺利渡过元江。

2021年9月1日，南返象群成功跨越阿墨江进入墨江县，普洱市森林消防队派出小分队用无人机进行24h全程监测，墨江县地面监测员对亚洲象经过路段实施临时管控。

2021年10月26日，国家林业和草原局特向云南"护象队"致以感谢和表扬，称赞云南科学有序引导象群南返，确保了人象平安、人象和谐，为全球野生动物保护展示了"中国样本"。

北移象群返回原生栖息地后，为进一步做好亚洲象保护工作，国家林业和草原局、云南省林业和草原局和地方各管理部门采取了有力措施。首先，继续做好监测预警和安全防范工作，对所有象群实时监测和预警，发现情况及时处置。持续推动亚洲象国家公园创建工作，合理确定保护范围，加强栖息地保护和恢复，国家林草局和云南省政府积极联合筹建亚洲象国家公园建设局省联席会议机制，研究解决亚洲象国家公园建设重大问题。其次，还将亚洲象列入了我们国家"十四五"期间抢救性保护的48种极度濒危物种。同时将其列入了我国国家公园等自然保护地建设及野生动植物保护重大工程建设规划，科学实施栖息地修复、生态廊道建设等重点工作，进一步加强科学管控。最后，探索对亚洲象个体实施分类管理，指导完善亚洲象损害补偿措施，维护人民群众合法利益。

此次亚洲象北迁南返行动通过政府主导，高效应对，科学指导，专业操作，综合施策，全面保护，制定"盯象、管人、助迁、理赔"八字方针，发动群众，全民护象，加强宣传，回应关切等措施，形成了一整套的管护应对机制，实操性强，全面提升了中国旗舰物种"亚洲象"所经区域老百姓的保护意识，强化了全球网民对云南生物多样性的认知，生动讲述了云南生态保护故事，真实、立体、全面展示了中国生物多样性保护举措

---

* 1亩=1/15hm^2。

和成效,塑造了良好的国家形象。

2.1.4.3 媒 体

云南野生象群北迁事件在互联网上引发热议,人民日报、央视频等国内主流媒体迅速抓住热点来回应网民的关切。

《人民日报》运用《中国生物多样性保护》白皮书里的数据向国际展示中国在保护生物多样性方面所取得的成绩。大熊猫野外种群数量40年间从1114只增加到1864只,朱鹮由发现之初的7只增长至目前野外种群和人工繁育种群总数超过5000只,亚洲象野外种群数量从20世纪80年代的180头增加到目前的300头左右……媒体将网友的担忧、专家的推测放置网络,这既是表明公众参与的事实,同时也积极督促了政府的行为。

《中国日报网》所关注的是采取何种有效措施使云南野生亚洲象尽快往西南迁移,保证人象和谐共生这一事件给予积极回应。云南省政府早在2010年,就在西双版纳开始试点全球首款野生动物肇事公众责任保险,2016年,开始规划建设大象公园,保护栖息地的建立使大象拥有足够大的活动区域,这是做到人象分离、人与象群和谐相处的根本之策。

2.1.4.4 野生动物主管部门

云南省林业和草原局相关职能部门负责人介绍,为拯救保护亚洲象,云南省始终坚持保护优先的发展理念,以高度的责任感,勇担重任,重点采取8项措施,努力改善亚洲象生存环境,维护人象和谐。"对于近日北迁亚洲象群,国家林业和草原局亚洲象研究中心长期持续关注,从今年4月16日象群迁移到玉溪市元江县开始,亚洲象中心团队一直和云南省林业和草原局始终在一线提供技术咨询、指导。"国家林业和草原局亚洲象研究中心主任陈飞简要介绍了研究中心自2019年年底成立以来开展的工作及成果,并对公众关注的北迁象群具体情况进行了介绍,就"亚洲象吃酒糟醉倒"等事件进行辟谣。

在北移亚洲象群安全防范和应急处置工作中,云南"教科书"式处置,获国家林业和草原局表扬。2021年,亚洲象"断鼻家族"一路北上,用半年时间,象群直达昆明市晋宁区夕阳乡活动,"象"往的生活,让全世界关注云南大象。在此次北移亚洲象群安全防范和应急处置工作中,云南省各级林草部门主动作为,攻坚克难,圆满完成北移亚洲象群处置工作。为此,国家林业和草原局特向云南省林业和草原局及有关人员提出表扬。

国家林业和草原局表扬信中说,云南省林业和草原局及相关市(州)县林草部门克服新冠疫情影响,面对各种复杂局面,提前综合研判,及时组织专项工作组,制定相关工作方案和应急管控预案,周密部署,合理安排,持续开展监测预警,采取布控与投食相结合的柔性干预措施,综合施策,科学有序引导象群南返。

同时,云南省还积极做好沿途群众的宣传引导工作,争取其配合与支持。利用多种形式,主动回应社会关切,协调主流媒体广泛宣传报道,讲好了野生动物保护的中国故事,形成了正向宣传和有利舆论,并积极探索形成了野生动物"远距离、长时间、大规模"应急处置的经验做法,为全球野生动物保护、推进人与自然和谐共生展示了"中国样本"。亚洲象保护管理事关生物多样性保护、生态安全及公共安全，备受国内外广泛关注。国内、国际社会对北移亚洲象处置工作点赞，广大人民群众更加支持亚洲象等野生动物保护工作。

2.1.5 一路"象"北背后的原因

根据最新监测结果，云南北上南归的象群目前持续活动在西双版纳国家级自然保护区，象宝宝也在茁壮成长，象群成员状态良好。对于猜测的象群迁徙原因，国家林业和草原局亚洲象研究中心主任陈飞解释说："无论亚洲象还是非洲象都有长距离迁徙的特性。"迁徙是为寻求更新的栖息地，有利于种群基因流动并在环境变化中维持生存。结合历史研究发现，早在1995年就已有5头亚洲象向北扩散现象发生；2005年有13头在两个县城之间来回活动，前几次都是小范围活动，而这次北迁距离稍远所以才引起广泛关注。自2016年起云南省林业部门就开始规划亚洲象国家公园，所以外界说的栖息地遭破坏并不是象群出走的原因。无论是保护区还是象群栖息地都是人为界定的，亚洲象作为野生动物，哪里的食物适合生存哪里就是栖息地。

结束语

云南象群北迁事件由单纯的新闻热点上升到政治参与，使得各界更加关注人与自然应该怎样和谐相处的问题。在舆论关注之下，政府部门更加积极接受监督，在应对紧急事件上及时迅速反应，更加谨慎、人性化的处理人与野生动物的关系。

2021年10月29日国务院新闻办公室新闻发布会，中国地质调查局局长、中国地质科学院院长钟自然与国家林业和草原局（国家公园管理局）局长关志鸥介绍野生动植物保护工作的相关情况，并告诉大家，目前象群已安全回归，各方面状况良好，活泼可爱的象宝宝又有了新进步。近期我们将为它们打造一个更加舒适宜居的家园。

做好野生动植物保护工作的同时，我们也在密切关注一些出现的新情况新问题，如目前部分地区的野猪种群增长较快，如何科学调控种群规模，防范安全风险是我们面临的一个新课题。目前，我们正在14个省开展野猪致害的综合试点防控工作，并将陆续出台相关的政策措施。

此次亚洲象北迁南返行动的成功经验值得借鉴。一是建立统一的保护、管理、监测和应急体系；国家、省和保护地进行三级联动，快速有效应对突发事件。二是四个实干步骤总结：严密监测、超前防范、科学引导、及时理赔。三是借鉴国家公园建设思路，积极规划，争取创建；从国土、景观、物种、当地居民等要素进行全面统筹和规划。"亚洲象北迁南返"事件，已成为我国促进人与自然共生、人与动物和谐的生动范例，也为全球野生动物保护工作展示了"中国样本"。

《生物多样性公约》缔约方大会第十五次会议（COP15）第二阶段会议，于2022年12月7日在《公约》秘书处所在地加拿大蒙特利尔召开，大会主题"生态文明：共建地球生命共同体"不变，标识不变，中国继续作为主席国，领导大会实质性和政治性事务。为充分调动基层生物多样性保护的积极性，2022年，生态环境部首次开展生物多样性优秀案例征集遴选活动，筛选出一批具有全国示范价值的优秀案例。而云南亚洲象北迁南返案例被评为"生物多样性优秀案例",其目的是向社会各界展示好的经验做法,供各地交流借鉴。

材料1 相关情况

(1) 亚洲象

亚洲象,属长目鼻、象科,是亚洲现存最大的陆生生物,中国亚洲象曾在华北、华东、华中西南的地区栖息繁衍,现仅分布在云南省南部与缅甸、老挝相邻的边境地区。亚洲象生活于热带森林、丛林或草原地带,主要食用草、树叶、嫩芽和树皮,也会吃农作物如香蕉和甘蔗等,由于食量很大,所以象群经常集群搬家,以获得食物来源。为生存,象群喜欢人烟稀少、温暖湿润的森林沼泽地区,不适应环境剧烈变化,没有固定的栖息地,分布范围较广,现存野生象数量十分稀少,屡遭猎杀,破坏十分严重。

(2) 云南野生象群集体北迁事件历程

2020年3月15日:16头野生亚洲象从云南西双版纳自治州北上,在普洱市思茅区、宁洱县等范围内活动。

2020年12月15日:象群到达普洱市墨江县,生下一头"象宝宝",数量增加到17头。

2021年4月16日:17头亚洲象从普洱市墨江县迁徙至玉溪市元江哈尼族彝族傣族自治县。

2021年5月16日:15头亚洲象(其中2头于4月24日返回普洱市墨江县内)进入红河哈尼族彝族自治州石屏县宝秀镇。

2021年5月24日:14头亚洲象迁徙到玉溪市峨山县,在大维堵村一带活动。

2021年5月25日:剩余1头亚洲象也迁徙到大维堵村。

2021年5月29日:云南森林消防总队运用无人机对象群实施勘察、跟踪,并通知沿边群众及早做好撤离准备。

2021年5月31日:15头野象在玉溪大河附近,经政府投食慢速通过公路。

2021年6月1日:象群进入了玉溪市的新寨村,距离昆明市晋宁区仅约两三公里。

2021年6月2日:象群进入昆明市晋宁区双河乡。

2021年6月5日:15头野生亚洲象进入云南省玉溪市易门县境内。

2021年6月6日:易门县人民政府发布肇事象群和应急工作的公告。

2021年6月14日:象群持续在玉溪市易门县十街乡活动,独象离群9天。

2021年6月15日:独象离群10天,归队意图不太明显。

2021年6月17日:象群进入峨山彝族自治县大龙潭乡。

2021年6月20日:象群总体向北迁移9.3km,重新进入易门境内十街乡。

2021年6月22日:云南玉溪,象群向南迁移从易门县返回峨山县,独象离象群30km。

2021年6月29日:象群持续在玉溪市峨山县塔甸镇附近林地内活动。

2021年7月4日:象群于7月5日凌晨从玉溪市峨山县进入新平县。

2021年7月15日:象群向东南迁回移动2.86km,持续在石屏县龙武镇附近林地内活动。

2021年7月27日：象群从红河州石屏县经玉溪市新平县扬武镇进入元江县境内。

2021年8月8日：14头北移亚洲象经玉溪市元江县老213国道元江桥安全渡过元江干流。

2021年8月12日：象群进入墨江县、玉溪普洱两市现场指挥部完成交接。

2021年10月26日：云南科学有序引导象群南返事件得到国家林业和草原局的高度认可，国家林业和草原局特向云南"护象队"致以感谢和表扬。

2021年11月：北移象群安全回归传统栖息地普洱市宁洱县磨黑镇。

2021年12月9日：北移象群回到原生栖息地西双版纳国家级自然保护区。

2021年7月7日：云南北迁离群公象被麻醉后送回西双版纳国家级自然保护区勐养片区，全程VIP待遇，已安全回归栖息地，目前各项生理指标正常。

2022年1月，根据最新的监测结果，云南北上南归的象群，目前持续活动在西双版纳国家级自然保护区勐养片区，大渡岗关坪村附近，整个象群所有的成员健康状态良好。

材料2　网络政治参与的代表性案例列举（表2-1）

表2-1　网络政治参与的代表性案例列举

时间	事件	网络政治参与类型	结果	政治影响
2007	"华南虎"事件	政治参与	相关责任人受到处分	引发政府责任和公信力质疑，使得陕西省林业厅公开向公众致歉
2014	兰州水污染事件	政治参与	相关责任人受到处分	兰州市政府应急措施启动缓慢被部分媒体批评
2016	丽江女游客遭殴打事件	网络舆论	涉案人员被判处刑罚	丽江被国家旅游局*警告，促使政府反思应对舆情的处置方式
2020	网红辛巴直播间销售假燕窝	网络监督	当事人退款赔偿消费者	市场监管部门出手并吊销相关违法公司
2021	云南象群北迁事件	政治参与	象群顺利南返	网民成为支持政府决策的基础

材料3　网络政治参与对我国行政生态的影响

(1) 从传统纸媒到数字化新媒体迅速发展，拓宽了网络政治参与渠道

如今网络发展迅速，"互联网+"的方式逐渐走进人们的日常生活，网络为公众参与政治提供了更具时效性、信息化的平台载体，产业化、数字运营等方式冲击了传统的纸质媒体，数字化能够更好地规避信息获取不全、参与形式单一以及参与方式不便捷、观看形式不直观的限制，将参与的途径多样化，使公众更好地参与并交流互动。在数字化的驱动下，

---

* 现为文化和旅游部

可以实现技术、管理方法和社会的结合，拓宽网络政治参与的渠道，实现将公众衔接到事件实施、监督、评估等各个环节，使公众不局限于传统的公共参与途径，以多渠道的形式参与政治。数字化的平台以"低成本""零门槛"的优势为公众表达政治诉求提供了更加丰富便捷的渠道，依靠"互联网＋"和数字化技术手段打破了地域、身份、职业、阶层的限制，更加方便公众积极参与网络政治，数字化平台成为网络政治参与的主要途径。

(2) 从小众参与到网络政治普及化参与，扩大了网络政治参与主体的层面

根据中国互联网发展状况，互联网发展的第二次重要阶段与第一阶段相比，个人门户、微博、博客、网游等相继兴起，互联网开始对我们的生产生活产生影响；2009年迎来了互联网发展的第三次浪潮，互联网发展越来越趋于成熟，2015年，"互联网＋"被第一次提出，门户网站、手机APP、电子商务、互联网直播等新型互联网产物影响着人们生活的方方面面，也证实了互联网经济的发展潜力。电子终端设备的普及、社交媒体、电商的开发和利用，积累了大量的线上群众基础。随着网民受教育程度不断提高，网络政治参与主体开始从以前的特定群体转变为大众群体，对政治越发感兴趣，其政治功效就越强，拥有良好的认知技巧激发了公民政治参与的愿望。

(3) 从基本生活需要到美好生活需要的发展，促进了网络政治参与类型的多元化

基于互联网飞速发展的背景，不难看出网络政治参与类型已由单纯的线上发表评论转化为主要的参与手段，并可能含有政治意义。网民的网络政治参与也不再只是简单的线上评论，而是以舆论为依托形成巨大的推力推动政府决策的制定、实施、完善等。这是由于经济的迅速发展促使人们从最初的只要满足基本生活需要转变为对美好生活的追求，人们出于强烈的社会责任感并且渴望实现自我价值，希望可以在网络政治参与中贡献自己的智慧。另外，全过程人民民主不仅体现在国家治理的全过程，还要充分展现在网络政治参与中，人民更加重视民主权利，讲求政治参与感，所以积极在网络上建言献策。因此，互联网以其时效性、信息化的特点在虚拟空间搭建平台传送信息、传达民情，依托5G通信、物联网、虚拟现实、人工智能等技术，对公众个性化的政治参与诉求进行深入调查形成反馈，成了"发声"的重要渠道，推动了网络政治参与的多元化。

(4) 从新闻舆论到网络政治参与的发展，提升了网络政治参与度

过去人们获得信息仅仅是通过电视、报纸、书刊、播音电台等媒介，有时间误差、信息接收不全面、不直观的局限性。而随着网络的发展，过去新闻媒体报道信息转换为在网络平台实时交互信息，使人民参与时事政治更加便利。网络平台为载体的新媒体的发展，随着微信、微博、抖音、视频号等微视频的迅速流行，使网络政治参与的热情空前高涨，形成一种巨大的网络舆论力量并呈现出新的发展态势和特征，由于参与的门槛低、成本花费少，参与主体走向平民化、大众化，正逐渐成为社会舆论中最具有活力和影响力的主体。公民通过网络对于公共事件公开表达意见，如在人民网、今日头条、新浪微博的各大网络平台，甚至是微信视频号、抖音、快手等社交平台上就当下的新闻热点或是社会事件展开激烈的讨论。当这种激烈的讨论深入展开，有流量话题的跟帖中的建设性的意见和观点被各大媒体转发，就会形成巨大的舆论力量,这种舆论力量往往形成无形的压力让人无法抗拒,甚至可能对相关政府部门的决策和实施有一定的影响。

(5) 从网络舆论到网络政治参与,转变了传统公共管理的治理方式

人民的政治参与意愿逐日增强并赋予了一定的政治意义,使网络舆论成为一种新形式的政治参与。随着网络的兴起、普及,公众参与不再是简单的评论,网络为人们参与提供更多的平台和途径,如在线投票、选举等。党的十八大明确提出,要扩大社会主义民主,推动公民有序政治参与。在网络社会中,网络有其独特的政治功能和对政治文化宣传的功能,网络平台作为中枢传递政治信息,可以监督立法、行政和司法权。网络为公民了解政府工作提供了更加经济有效的途径,政策的决策、执行和监督处于透明状态,网民可以有机会与决策者进行对话,打破了身份的限制、等级的观念,更加体现了自由平等。公众的意愿通过网络实时传递给决策者,民主权利得以行使,政治体系运行良好、社会和谐稳定可以更好地维护全过程人民民主的各个环节。

政府的治理方式也发生了转变,从权威型转变成服务型政府,以科学发展观引领发展全局,坚持贯彻以人为本、以民为本的理念,更加重视将民众转化为权利的拥有者,政府是权利的执行者,将网络媒体打造成倾听民意、体察民情的一种手段,转变了传统的公共管理方式。公共管理者通过网络可以跨时空的与公众进行交流,如开设公众号、微博视频号,传达管理者的态度和立场,通过增强上下层的互动获得民众的支持。网络无时不在、无处不有的参与人民的生活、政府的管理,使政府治理和管理的决策信息更快速地直达民众面前,决策变得更加清晰透明,了解民意更加快速准确。

2.2 案例说明书

2.2.1 课前准备

(1) 按照 5~10 人一组分组,小组针对问题进行交流讨论,讨论意见逐条列出,列在白纸上。
(2) 针对问题,每组派代表发言。
(3) 准备双面胶带若干,并将写好的答案纸张贴在黑板上。

2.2.2 适用对象

本案例是为接受"行政管理"相关课程学习的本科生、学术型研究生以及 MPA 学生设计的,同时也适合公共管理专业其他研究方向的研究生使用。

2.2.3 教学目标

(1) 让学生了解事件的发展历程,讨论网络政治参与对我国行政生态的影响。
(2) 讨论我国网络政治参与面临的现实困境。
(3) 思考如何推进和完善我国网络政治参与。

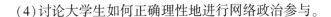

(4)讨论大学生如何正确理性地进行网络政治参与。

2.2.4 要点分析

(1)本案例首要研究的问题是讨论网络政治参与的重要性

"一路象北"事件能够在短时间内引起广泛关注,主要是由于网络舆论的推动作用,公民网络积极参与,使得云南野生象迅速"出圈"。

近年来,科学技术的发展使得网络平台给予公众发表言论的自由空间,网络舆论影响了政府的重大公共决策的制定。人们可以通过互联网的渠道表达对于公共事件的看法,网络平台也成了公众反映社情民意的重要渠道,公民的网络政治参与拓宽了网络行政的空间,衍生了新的行政生态。与此同时,网络舆论有好有坏,信息充斥、真假难辨的现象也开始凸显,这也给政府的行政管理带来了不小的困难。所以,政府管理者和公共管理研究者必须高度重视网络政治参与,深入分析网络政治参与的发展现象,研究分析网络政治参与对于政治和社会的影响,并积极引导网络政治参与向促进行政生态良好、稳定社会公共秩序发展。

本案例从最初对野生亚洲象迁徙历程的关注,到后来引发的人与野生动物如何相处的思考和讨论,网络媒体在其中发挥着不小的作用,其互动性、实时性和开放性积极地促进了该事件的顺利解决。因此,本案例更多从网络政治参与的正面效应来进行研究分析。

网络媒体是基于互联网的融声、像、图、文于一体的大众媒体,是继报纸、广播、电视之后另一新兴的"第四媒体",其信息传播有着高度的实时性、参与性、互动性,并且打破了时间和空间的限制。网络传播极具个人化和信息的交互性,网络的交互性沟通,是人们从过去的单方面接收信息转变为积极主动地参与讨论,他们通过抖音、微博、今日头条等社交或新闻媒体软件来表达自己的看法和见解,逐渐形成一股普及生态环境保护的学习之风。人们越来越重视将自己的主体权利投入到公共事件的参与中,网络媒体其舆论引导、宣传推广以及投入少、门槛低的优势在近年来更加显现,人人都是另一种程度上的记者,直接或间接地参与着公共事件的政府决策,对国家、政府、社会起到了良好的舆论监督作用。

党的二十大指出:"扩大人民有序政治参与",网络政治参与不仅直接影响着现实政治生活的过程本身,而且深刻影响着政治生活的深层结构和内在逻辑,开始塑造一种全新的政治生态环境。首先,扩大了政治参与渠道,凸显了网络政治的重要作用。其次,能够缓解社会矛盾和紧张情绪,增强政治系统的弹性和柔韧性。最后,有助于塑造新型政治文化,推动中国政治发展。

(2)对"一路象北"事件的持续关注,促使社会各个主体履行其社会责任

首先是网络媒体,网络媒体争相报道云南野象迁徙事件,不仅引起了广泛关注,还适时地普及了关于野生动物的知识,以及进一步引发人与自然和谐相处模式的思考。人们对于憨态可掬的大象的关注,折射出我们对于大象的喜爱,吸引更多的人去关注象群和一些濒危野生动物,也了解到"护象人"在大象迁徙背后的辛苦付出以及深刻思考如何

保护野生动物。

其次是社会人士，从网友提出疑问争相讨论，再到相关生物学家的参与解读，整个事件牵动了所有人的心，直到最后北迁象群的顺利南返。

最后是相关政府部门，"护象人"、国家林业和草原局迅速派出专家组赴滇共同商讨应对象群的措施以及当地政府的迅速反应，为大象建立投食区、利用卡车围堵道路防止大象进入城市引发冲突以及多方思考协助象群渡桥、积极解决大象肇事并给予村民相关的损失赔偿等，都是积极履行责任的行动，保护了公民的财产权和生命安全。

(3) 出现多方热议的现象，反映了政府公信力的重要作用

整个事件中，不仅是新闻媒体在报道，网民的有效政治参与互动也发挥了重要作用，人们自发参与关注野生动物事件，对人与生态关系问题进行了有效宣传。媒体引导舆论，使受众对问题的解决充满乐观的心态。中国媒体在对官民携手护象上进行积极报道，将报道的重点放在政府为解决危机所做的努力上，积极地发挥了新闻媒体报道事实的作用，承担了作为新闻工作者应尽的社会责任。国际媒体也对云南大象迁徙进行正面报道，对大象的无微不至的照顾体现了中国在野生动物保护方面的积极作为。

从本案例中可以看出"象群北迁"事件政府既履行了社会责任，又及时做好了危机处理决策，在本次事件中政府及相关部门的积极作为赢得了公众的普遍认同，进一步增强了政府的公信力。官民携手护象正是正确处理人与自然和谐相处的"中国样本"，生动地向全球展示了在野生动物保护方面的"中国做法"。

作为服务型政府，面对社情民意，政府应本着更加积极主动的态度，充分回应并给予高度重视，坚持以人民为中心的立场，充分考虑人民的利益。在本次事件中，云南省政府、省林业和草原局以及地方政府相关部门坚持保护人象安全、缓解人象冲突的理念积极应对，其做法是值得赞扬的。专家和政府也针对网友提出将大象麻醉送回保护区的意见认真考虑后给出说法，向公众解释象群迁徙的原因不是人类破坏栖息地等，都是对于网友和媒体的积极回应，最终官民携手护象上演了生动的中国故事。

(4) 讨论如何推进和完善我国网络政治参与是本案例的重难点

网络政治参与给政府带来的影响是把双刃剑，要求学生理论联系实际进行深入思考。学生在课堂上的交流讨论，可以促进学生从多种角度切入思考问题，提升学生分析问题解决问题的能力。在本案例教学中应使学生明确网络政治参与的重要性及存在的问题和对策。学生应明确网络政治参与涉及道德伦理、价值判断等问题，虽然网络政治参与也会存在一些夸大事实、凭空捏造等不可避免的负面效应，但其依托网络搭建巨大的虚拟互动社区可以更加人性化地满足当代人们交流互动的需求，因其后台加入数据算法的技术可以更加精准定位信息，分析网民的兴趣来更精准划分读者受众群体。这不仅调动了公民参与政治的积极性，还提高了公众在媒体的帮助下监督政府政务，促使其更加透明化、公平化。网络政治参与渠道的拓宽促使信息交互快速，既整合了信息资源，又促进媒体团队的合作。网络新媒体是一个庞大的系统，涵盖了系统、用户、技术、场景、经济与政治治理的不同层面，虽然在民间受众更广，但是其权威性、合理性仍备受质疑。公众虽然是在网络上发表意见形成舆论力量，但仍存在着极端、无组织的现象。

对于曾经代表着官方权威的传统媒体而言，网络媒体的大众接受度日益增高致使传统媒体的权威性受到严峻挑战，再加上小众媒体网站和虚假新闻的混杂，也使传统媒体备受质疑。科技发展带来的媒介传播方式变革，俨然已经对社会生活各方面产生深远影响，未来这种变革所带来的影响也会不断深入，因此如何规范网络政治参与、提高网络政治参与的便捷度和覆盖率，加强网络政治参与的法制化建设等是未来我国网络政治参与应着重思考的问题。

2.2.5 教学安排

本案例故事时间发生在 2020—2022 年。对于本案例，首先，教师应该运用 10～15min 引导学生理清事件发展脉络，将政府职能解释给学生，如地方林业和草原局、国家林业和草原局的行政关系，市林业和草原局和市政府的关系等，增强学生理论联系实际分析问题解决问题的能力。

其次，教师提出问题展开课堂小组讨论，要给予学生充分思考的时间，最后一个问题预留足够的时间，要求学生根据本节课所学知识和生活经验发表看法。

最后，请学生自己提出疑问，针对疑问各抒己见，讨论要尽量以学生为主体，鼓励学生大胆说出想法，教师将学生的观点罗列在黑板上，不一味批评学生的观点，对于学生遗漏掉的细节和观点，教师应运用引导的方式启发学生思考。

2.2.6 案例后续情况

2021 年 12 月 9 日，北移象群回到原生栖息地西双版纳国家级自然保护区，一直在保护区稳定生活。象群回归原生栖息地后，没有表现出异常的行为特征，与周边社区和谐共处，偶尔到周边农田采食农作物后返回森林，没有出现严重肇事、进入村寨和伤人的表现，人象和谐共生，并且在 2022 年 1 月诞下新成员。

北移象群返回原生栖息地后，为进一步做好亚洲象保护工作，国家林业和草原局、云南省林业和草原局和地方各管理部门采取有力措施。首先，是继续做好监测预警和安全防范工作，对所有象群实时监测和预警，发现情况及时处置。持续推动亚洲象国家公园创建工作，合理确定保护范围，加强栖息地保护和恢复，国家林业和草原局和云南省政府积极联合筹建亚洲象国家公园建设省联席会议机制，研究解决亚洲象国家公园建设重大问题。其次，是将亚洲象列入了我们国家"十四五"发展期间，抢救性保护的 48 种极度濒危物种。同时将其列入了我们《国家公园等自然保护地建设及野生动植物保护重大工程建设规划》，科学实施栖息地修复、生态廊道建设等重点工作，进一步加强科学管控。最后，是探索对亚洲象个体实施分类管理，指导完善亚洲象损害补偿措施，维护人民群众合法利益。

参考文献

董人菘，袁崇坚，2020. 网络政治参与对中国政府行政管理的影响[J]. 云南社会科学(5)：92-95.

王玲艳，2021. 大学生网络政治参与探微[J]. 学校党建与思想教育，659(20)：

77-78.

熊光清，2017. 中国网络政治参与的形式、特征及影响[J]. 当代世界与社会主义（3）：163-169.

思考题

1. 简述"一路象北"事件成为网络热门事件的原因。
2. 简述网络媒体的发展对我国政治生态的影响。
3. 简述云南野象北迁南返背后的原因。
4. 简述人类如何与野生动物和睦相处。
5. 简述政府如何正确引导人与自然和谐共生。
6. 简述网络政治参与的优越性及今后的发展思考。
7. 简述大学生如何正确理性地参与网络政治。

案例3

数字化赋能公共文化服务的正确"打开方式"
——以北京市公共文化服务为例

(李田伟)

摘要：公共文化服务是增强人民群众文化获得感、幸福感的有效载体。随着技术变革和新媒体的普及，公共文化服务供给亟须创新运营机制。目前，北京市相关领域研究成果的涌现以及政府主导下的实践探索，为公共文化服务数字化运营机制研究提供了有益的启示和经验参照。通过本案例希望从中了解数字化公共文化服务的可行性，思考公共文化服务的实质及存在问题，为中国其他地方的公共文化服务提供参考。

关键词：数字化 公共文化服务 北京

3.1 案例正文

引 言

有着近600年历史的北京雁翅楼，由昔日明清皇城的后卫哨所，变身为一家24小时书店，这是西城区为落实北京"1+3"公共文化政策，打造"十五分钟文化圈"开设的第一家通宵营业书店。而今北京的居民足不出户便可欣赏戏曲音乐会，动动鼠标就可预约文化培训，点击屏幕就可让借阅图书快递到家。

进入新时代，人民对美好生活的向往越发强烈，以读书看报、看电视、听广播、开展群众性文体活动为主要内容的公共文化服务面临升级换代的压力。但是，公共文化资源受到时空限制，难以充分满足群众日益增长的精神文化需要。在云时代及疫情防控常态化背景下，以互联网为代表的数字化技术恰好可以突破时空限制，满足公共文化高质量发展要求，为群众提供近在身边的24小时不间断的服务。本案例将带您走进北京市的公共文化服务，看看这几年究竟发生了什么，让百姓感到便捷、舒适和暖心，为公共服务点赞，从日常生活中获得幸福感、满足感。

3.1.1 北京公共文化服务发展现状

党的十八大和十八届三中、四中全会明确提出：要构建现代公共文化服务体系，制定公共文化服务保障法，促进基本公共文化服务标准化、均等化等。习近平总书记系列重要讲话和视察北京时提出的政治中心、文化中心、国际交往中心、科技创新中心"四个中心"功能定位，对北京市公共文化工作提出了更高要求。2015年年初，中办、国办印发了《关于加快构建现代公共文化服务体系的意见》，中宣部、文化部等联合召开专题会议，部署贯彻落实工作，并将2015年作为基层工作加强年。

"十四五"时期公共文化服务体系建设正如火如荼，立足全国文化中心的首都城市战略定位，2022年9月23日，北京市人大常委会通过了《北京市公共文化服务保障条例》。北京的公共文化服务在实现保基本促公平的基础上，由"基本化、均等化"向"优质化、数字化、智能化、身边化"的高质量上迈进，推动实现公共文化服务的首都发展。

3.1.1.1 设施离市民越来越近

来自北京市文化和旅游局的统计显示，自2017年至今5年来，北京的文化馆、街道（乡镇）综合文化中心建筑面积增长了14.25%，达到$98.25\times10^4 m^2$，社区（村）综合文化室建筑面积增长了150.94%，达到$445.42\times10^4 m^2$，公共图书馆面积增长了14.43%，达到$34\times10^4 m^2$。市、区、街乡、社村四级公共文化设施达到6937个，实现基本全覆盖，构建起15分钟公共文化服务圈。截至2021年10月，东城区人均公共文化设施面积达到$2.1 m^2$，万人拥有实体书店2.06个；朝阳区也提出，力争到2025年，打造不少于100个"小、特、精"的基层特色公共文化空间。伴随服务空间迅速拓展，一批标志性、综合性大型公共设施也紧抓人们的眼球。2021年建成投用的天通苑文化艺术中心，拥有简约大气的外观和集各类文化服务于一体的丰富内容。在这里，阶梯教室里常有文化讲座，图书馆的通借通还服务让居民的阅读生活更加便捷，手工教室里常有传统节日相关手工小物件的制作培训，还有电影院、小剧场、咖啡厅也都是周边居民休闲的好去处。其他如北京市文化中心、东城区文化中心、石景山区文化中心、顺义区文化中心等，都为提升公共文化服务水平奠定坚实基础。

3.1.1.2 服务内容越来越新颖

海淀区西郊线上，奔跑着一辆文化主题列车，这辆"开往新中国的列车"上，海淀区图书馆所藏的三山五园、全民阅读、红色旅游等数字文献资源，通过扫描就可以获得，阅读、走读、诵读等相关活动，带领市民重温中国共产党百年辉煌。距离首钢大跳台最近的公共文化设施——石景山区广宁街道综合文化中心及冬奥文化广场，成为周边居民沉浸冬奥氛围、感受冬奥文化的最佳场所，奥运健儿常常深度参与居民的文化活动，部分文化活动还登上微博热搜榜。在全市面积最大的街道级市民文化活动中心——景山街道市民文化中心（又名"美后肆时"），居民可以享受100余家、200余位文化机构和文化讲师提供的服务。西城区的红楼藏书楼集私人藏书楼、公共图书馆、实体书店于一体，满足了众多爱书之人众藏、共阅、分享的需求。

3.1.1.3 资源匹配更精准

北京各级公共文化设施的服务标配，是每周免费开放时长不少于56小时，免费提供的服务内容包括文艺辅导、演出排练、文艺创作、文化活动、体育健身等20类。为了让公共文化设施发挥更大效能，突出服务的针对性，北京市文化和旅游局坚持问题导向和需求导向，引导鼓励社会力量积极参与，出台了《关于政府向社会力量购买公共文化服务的指导意见》等政策文件。到2021年年底，全市采取社会化、专业化运营的公共文化设施已有266家。通过社会化运营，公共文化设施以开放、共建、共创的理念，以跨界思维优化资源配置，形成内容众创的生态共同体。而通过政府购买服务方式，几年来，朝阳、东城、海淀、石景山4个国家公共文化服务体系示范区，石景山、大兴、通州、房山、丰台5个首都公共文化服务示范区，补齐了基层群众文化组织员队伍，由原来的3576人，增加到5293人，增长了48%，为公共文化服务提供了重要的人员保障。

3.1.1.4 小处着眼满足百姓最迫切需要和需求

便民社区菜市场，实现居民在家门口买菜的需求；社区课堂，给放学后孩子"无人看管"的双职工家庭提供免费看管服务；胡同会客厅，拓展胡同居民的公共活动空间，丰富居民的文化生活，增进了邻里间的感情；社区养老驿站，成为北京居家养老模式的重要服务机构；共享会客厅，集阅读、游戏、聚会等为一体，满足居民对文化、消遣时光的需求，还有北京出现的越来越多"24小时"书店、便利店等，全方面、24小时在线给居民提供更细致、更细微的周到服务。

截至2022年7月，北京市共建有市区两级公共图书馆24个，群众艺术馆、文化馆19个，备案博物馆204个，备案营业性演出场所197个。市、区、街乡、社村四级公共文化设施达到6937个、图书馆室6135个、室外文化广场5616个，基本建成"十五分钟公共文化服务圈"。利用大数据、云计算等信息技术，北京为公共文化服务插上飞翔的双翼。建成公共图书馆"一卡通"服务点424个，市民通过登录市、区两级数字图书馆，可阅读691.5万册电子书、1500种期刊、300余种报纸和1460.3万篇学术论文。

公共文化设施身边化、服务内容品质化、服务方式多元化、服务手段智能化等正在建设全国文化中心的北京，正通过公共文化服务的高质量发展，不断增强市民的文化获得感和幸福感，不少深受市民喜爱的公共文化设施及其服务还成为网红，彰显出北京公共文化服务的特有魅力。

3.1.2 古都、红色、京味文化融入公共文化服务

2017年，作为我国文化领域第一部全局性、基础性的重要法律，《中华人民共和国公共文化服务保障法》（简称《公共文化服务保障法》）颁布实施。为了进一步解决北京市公共文化设施和服务供给不充分、发展不均衡，"文化+"多领域融合发展机制有待固化提升，社会参与机制仍需完善，公共文化服务保障还有待加强等问题，2022年5月25日，北京市十五届人大常委会第三十九次会议对《北京市公共文化服务保障条例（草案）》进行第一次审议。

草案提出，利用古都文化、红色文化及京味文化等多种资源开展公共文化活动。北京市将活化利用首都历史文化资源，通过开展公共文化主题活动、打造文化体验探访路线、创作文化艺术作品、开发文化艺术衍生品等多种形式的公共文化服务，展现和阐释历史文化遗产、历史文化街区、传统村落、历史河湖水系、城址遗存等所承载的古都文化内涵和时代价值，丰富公共文化服务的内容、形式和供给。

同时，充分利用红色文化资源，挖掘重大纪念日、革命历史事件蕴含的红色文化价值，加强红色文化主题文艺作品创作，培育红色文化重点品牌；依托北大红楼、中国人民抗日战争纪念馆、香山革命纪念地等革命活动旧址、爱国主义教育基地，组织开展公共文化活动（图3-1）。

还将推动京味文化资源融入公共文化服务，举办京味文化系列主题活动，展示和保护胡同、四合院、京剧、京韵大鼓和北京方言、技艺、医药、饮食、地名等京味文化内涵和独特价值；加强京味文学艺术作品的创作和推广，推进文化典籍、民俗、口述史、民间传说等整理出版和视听化呈现。

图3-1　2021年7月15日，中国共产党历史展览馆向社会公众开放

3.1.3　数字化赋能公共文化服务

近年来，我国公共文化服务借助数字化升级改造，极大提升了服务效能，公共文化公益性、均等性、便利性的特点充分彰显，群众的文化获得感明显增强。

3.1.3.1　让公共文化服务更有"数"

数字化打通了服务群众的"最后一公里"，把文化资源送到了群众身边和手边。随着越来越多公共文化领域"新基建"落地使用，大数据完成"原始积累"，亟待应用层面释放红利。截至2020年年底，全国公共图书馆系统实施数字图书馆推广工程面向全国共享的数字资源已超145 TB。目前，由文化和旅游系统主导建设的国家公共文化云及大批地方公共文化云平台，已经具备了看直播、享活动、学才艺、订场馆、读好书等服务功能，移动端服务性能和应用体验得到大幅提升。据统计，2017年国家公共文化云上线以来，累计访问量达8.09×10^8人次。截至目前全民艺术普及资源总库数字资源量达1258 TB，内容涵盖文学、音乐、舞蹈等多个门类。

公共文化服务大数据应用重点实验室列入文化和旅游部重点实验室，自2017年成立以来，运转顺利。作为实施主体，文化和旅游部全国公共文化发展中心（简称发展中心）结合工作实践，与北京大学信息管理系合作，开展了一系列工作，包括公共文化大数据集成应用、用户画像、体系建设、应用场景等关键课题研究，文化大数据相关标准化建设，并结合"十四五"规划，对全民艺术普及大数据体系进行了初步构建。今年10月，发展中心与应用实践合作单位签订数据共享协议，就大数据的采集、管理、服务着力探索。此外，发展中心还在《"公共文化云""十四五"建设规划》中，对接文化和旅游部"十四五"发展规划，将构建"全民艺术普及大数据体系建设"列为"十四五"期间的一项重点建设任务，在应用实践层面进行更多探索。

3.1.3.2 少点"套路"，多点"思路"

千篇一律的套路少了，百花齐放的思路就多了。运用大数据工具，编制精细化管理网络正在成为公共文化服务效能发挥的新路径。不少地区已尝试将公共文化大数据资源转化为流程优化能力、服务灵活能力，提高决策效率和研判精度，重构供需配给格局。

在北京市石景山区，文化场所运行情况很直观：从场馆的开放和使用信息到活动人群和到馆人群信息，再到正在或即将开展的活动信息；从常规的客流量、性别、活动量统计到群体情绪分析、月度最受欢迎排行和各街道文化活动中心效能排行，可谓"一屏尽览""一网打尽"。这就是以石景山公共数字文化服务平台为代表的公共文化服务效能大数据平台。

据北京市石景山区文化和旅游局副局长黄杰介绍，2018年3月，石景山区推出了北京市石景山区公共文化服务效能大数据平台，对前期已有的单一数据平台进行整合，包括公共文化设施监测系统、石景山文E、石景山图书系统和台账助手四大数据源，统一数据接口和模式。目前，石景山区公共文化服务效能大数据平台上线运行1年多，覆盖全区三级公共文化设施，包括3个区级馆、9个街道综合文化活动中心、150个社区综合文化室。截至2021年8月，石景山文E系统用户近40万，石景山图书系统用户近12万。根据北京市石景山区公共文化服务效能大数据平台统计，今年1月至8月石景山区已举办活动近4000次。通过对数据进行采集、处理、分析、可视化，平台还能够实时地对各场馆运营情况进行横向、纵向等多维监测，对街道公共文化服务效能以及社会化平台进行监督考核，实现了包括智慧服务、智慧分析、智慧评估和辅助决策等功能在内的智慧化运营。

材料1 数字平台搭桥梁 让公共文化服务与你随时在"e"起

石景山区在第三批国家公共文化服务体系示范项目——公共文化服务目录制的基础上，自主研发建设了包括"石景山文化E站"网站、"石景山文E"APP，"石景山公共文化"微信订阅号在内的公共数字文化服务平台，让辖区居民足不出户就能享受到方便、快捷的公共文化服务。

数字平台不仅为居民提供了详细的各级场馆活动指南，内设的"设施地图"还清晰标明了区内文化设施和旅游景点位置；"群艺风采"则为居民在线上搭建了一个展示自我的平台；"文化遗产"和"文化E空间"包含了非遗项目、品牌活动和电子图书、文博名师讲坛、抗疫知识专题、经典影片、慕课等海量数字资源。平台定期上线"古城之春"艺术节、讲解员评选、原创文艺作品征集等各类型的线上文艺赛事和艺术培训活动。疫情期间,数字平台成为实现"线上公共文化服务不停歇"的坚实后盾,各类数字资源累计访问量近22.3万次,数字平台总体浏览量达128.8万人次。

不仅如此,在平台首页的"意见反馈"专区,收到了地区居民关于丰富文化活动项目类型、完善界面功能、拓宽服务群体覆盖面、增加分类搜索等诸多建设性的意见反馈876条,对于优化公共文化服务供给,深入实施"菜单式""订单式"服务提供了更精准的参考依据。结合留言反馈,平台增加了活动按照时间、地点、距离、年龄等筛选功能;针对上班族开设了瑜伽、茶道等课程;将亲子类活动时间调整为周末等。截至目前,数字平台注册用户达23.3万,累计发布活动3200余场,已经成为群众参与享受公共文化服务的主渠道。

材料2 数字资源做纽带 让公共文化服务与你零距离

按照第四批国家公共文化服务体系示范区创建标准要求,石景山区扎实推进数字文化馆、图书馆建设,以地区文化馆、图书馆总分馆制建设为契机,以数据资源建设为依托,将优质资源和服务下沉到街道社区,激发基层公共文化服务资源的活力。

石景山区图书馆在共享工程普及到街道图书分馆的基础上,结合总分馆制建设,在60个社区基层服务点配备电子阅览设备。研发建设公共文化数字资源系统,将文化资源共享推广到社区一级。数字资源内容包括电子图书、数字国学、学习百科、在线音乐、连环画、地方文献、外文绘本、西山永定河文化带、冬奥数据库等,区域性、资料性、时代性突出,与各街道(社区)联合资源总量达到50 TB。2019年全年,区图书馆开展电影展播、VR科技体验周、外文绘本阅读、乐高机器人、儿童安全教育、创意课堂等各类数字资源活动225项,惠及4700余人次。

石景山区文化馆2019年正式搬入新建成的区文化中心,建筑面积8000m^2,涵盖大剧场、多功能厅等。搬入新馆后,区文化馆网络平台改版上线,设置有文化信息、活动预告、培训辅导、慕课、直播、志愿者服务、特色资源库等栏目,其中在线培训15类,教学视频达300余个。新平台的改版上线是石景山区文化馆转变服务理念、推动"互联网+公共文化服务"云平台建设的重要实践。

材料3 大数据分析助决策 让政府文化治理水平精准升级

如果说石景山区公共数字文化服务平台是服务市民需求、倾听市民声音的窗口,那么区公共文化服务效能大数据采集分析平台则是监测公共文化设施场馆运行效能的"温度计",是获取市民文化获得感和满意度的"晴雨表",是政府提升文化治理能力的"风向标"。

作为国家示范区创建城市地区,石景山区致力于打造具有地域特色和示范引领作用的智能公共文化服务模式。2019年,石景山区公共文化服务效能大数据采集分析平台应运而生,在区、街两级公共文化设施场馆安装物联网设备,整合首都图书馆业务系统及"石景山文化E站"网站等公共数字文化服务平台管理系统,实现在电脑端、政务通、手机端小程序实时获取运行画面及效能数据,以科技力量赋能公共文化服务发展,不断提升政府文化治理水平。

大数据平台的介入改变了过去单向的公共文化服务供给模式，也能让服务对象有着更好的"沉浸式"体验。举例来说，上班族小李每周末参加瑜伽课程，美食类书籍借阅频率高，那么大数据平台就会将瑜伽和美食添加到其用户画像中，研判其可能感兴趣的方向，为其推送相关的课程，这样小李选择活动的时间成本降低，继续参与和分享文化活动的意愿会更加强烈。

此外，大数据平台利用人脸识别、实时视频回传等数字技术，能够真实准确掌握场馆实际运营情况，帮助政府管理部门动态调整绩效评价指标体系，提高研判决策的科学水平。围绕公共文化服务知晓率、参与率、满意率等核心指标，石景山区制订了一套较为完整的公共文化服务效能绩效评价指标体系，已连续4年开展第三方绩效评估。大数据平台则将效能评价关键指标、分析报告进行实时可视化呈现，能够更加客观评价场馆服务效能，更好地引导公共文化服务机构向常态化开放、全人群覆盖、群众共享共治、线上线下互动等方向转变。

公共文化服务数字化建设已经成为石景山区在创建国家示范区实践中创新公共文化服务的特色亮点之一。未来，石景山区将继续努力先行先试、探索路径，以文旅融合为契机，不断完善地区公共数字文化服务平台和效能采集分析大数据平台功能，让公共文化服务插上科技的"翅膀"，释放更大的活力，切实提升市民群众的文化获得感、幸福感。

近期，不少居民对收到的图书馆自习室预约提示赞赏有加，这正是个性化菜单服务的典型应用效果。针对服务对象、服务目标、服务内容、服务推送等方面，石景山区按照群众活动规律，总结群众偏好，推出了个性化、精准化推荐与智慧服务。当数据显示图书馆自习室需求高涨、场馆一位难求，而其他场馆余位较多，平台就调取资源，利用微信社群和手机短信群发，为群众推荐多个优质可选的自习空间，引导人员分流，既满足群众需求，又提高了场馆同类空间利用率。

一端是公共文化服务提供者，另一端是公共文化服务用户，将机构大屏和手机小屏整合起来，石景山区文化机构与群众建立起密切联系，互动多了，路子活了，公共文化服务也就更有人气了。

3.1.3.3 改变单向思维，开展多向联动

随着数字技术、网络技术的飞速发展，新型、高效的数字文化传播形态大大改变了基层群众的文化消费心态。读书看报、唱歌跳舞、写字画画、听广播看电视等传统文化场馆所提供的公共文化服务，早已满足不了群众的文化胃口。相应地，远程培训、在线鉴赏、数字展览、现场体验等服务升级为文化新宠。

在北京各大博物馆、艺术馆火爆的展览均需要活动预约、场馆预订，但由于疫情限流因素，往往一票难求，但在网上可以"云观展"，有的网站甚至设计了VR（虚拟现实）展示项目，用户只要有一部VR眼镜就能身临其境般地尽情参观……数字化使公共文化的公共性更好地落到了实处。

为了加快推进公共服务数字化，近年来，北京市广播电视局依托5G、互联网、大数据、云计算等现代信息技术，打造集综合信息服务、文化消费于一体的广电公共服务新

生态。推进全市有线电视网络整合和互联互通建设，推动公交电视、地铁电视、楼宇电视、户外大屏等户外媒体智慧化升级改造和宾馆酒店电视系统数字化改造。以"智慧广电+公共服务+社会服务+城市管理+乡村治理"为重点，策划实施"智慧广电乡村工程"，为提高乡村精细化治理能力提供基础网络和平台支撑。

2022年2月4日晚8点，北京2022年冬奥会开幕式拉开帷幕，大量数字科技与美学创新融合，为观众呈现了一场全新的视觉盛宴。在北京市海淀区四季青镇新时代文明实践所放映厅里，20多名留京过年的快递小哥和附近居民坐在8K超高清电视前，欣赏着冬奥会开幕式带来的视觉震撼。

这次活动是"北京视听零距离——新视听公共服务乐享冬奥主题活动"之一，也标志着海淀区融媒体中心打造的海淀区首个"北京视听小站"正式启用。作为海淀区超高清节目展示基地，"北京视听小站"通过超高清视听体验设备，转播超高清赛事、文艺演出及节目，以示范直播、点播实验的方式，为超高清产业进社区、进家庭搭建"高速通道"，为市民提供全新的视听体验。

聚焦冬奥开闭幕式8K直播、超高清赛事收看、视听小站科技体验、冬奥知识科普等内容，"北京视听零距离"乐享冬奥主题活动直接服务83个8K示范社区，共计2.6万余位居民，实现视听新技术、新产品、新场景与社区居民"零距离"，带动更多居民参与、体验、欣赏和享受冬奥。为落实疫情防控要求，活动还创新服务模式和传播途径，由线下转为线上，联合网络视听平台举办了多场"北京视听零距离"科技助老·相约冬奥云课堂直播活动，践行了"北京冬奥宣传+广电公共服务"行动初心，点燃了群众关注冬奥、参与冬奥的热情（图3-2）。

图3-2 "携手迎冬奥 同心过大年"网络视听迎春活动

北京是世界首个"双奥之城"，中国优秀传统文化和当代先进文化为奥林匹克运动的发展贡献了中国智慧与力量、增添了新的文化动力，"双奥"遗产也为北京的公共文化事业发展提供了独特的精神和物质内容。在盘活"双奥之城"有形遗产的同时，也应重视"双奥之城"无形财富的传承，为公共文化服务注入深厚的精神内核。

3.1.4 数字赋能背景下公共文化服务存在的问题

经过国家和群众文化工作者们的不断努力，我国公共文化服务事业得到了长足和有

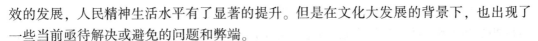

效的发展,人民精神生活水平有了显著的提升。但是在文化大发展的背景下,也出现了一些当前亟待解决或避免的问题和弊端。

(1) 国家公共文化服务政策宣导方面覆盖不够全面

由于互联网信息技术限制,很多大山深处或较为偏远落后地区的人民群众对于《公共文化服务保障法》等各项公共文化服务法律法规都不甚了解,很多人仅仅是听说过。由于信息传导滞后,消息不灵通,很多人通过当地现有条件根本无法享受到国家为广大人民群众提供的文化服务,或者知道后才发现服务内容已经结束。

(2) 公共文化服务内容缺乏系统的信息化管理、数字化展示

很多文化服务单位工作还是靠"一张纸、一支笔",办公信息化程度低,数字化更是无从谈起,因而无法满足人民日益增长的文化需求。在这方面,部分发达地区群众文化部门走在了前列,通过信息化办公、数字化处理,利用技术将自身所能为人民群众提供的公共文化服务项目向全体市民展示,让人民群众能够看得到、听得见,了解清楚其具体服务项目,甚至足不出户就可以从互联网上体验到货真价实的优质公共文化服务内容,大大提高了工作效率,让人民群众更快捷、更直观地享受到文化服务。

(3) 在同一地区内同样存在着信息传递不对等、效率不高的情况

例如,很多地市的公共文化服务宣传不到位,城市覆盖面不广,导致只有文化场馆附近的居民了解其服务内容,居住地较远的居民不清楚、不了解、不知道的情况时有发生;服务内容相对单一,或者说针对人群单一,有的只针对退休老年人,对年轻人针对性偏弱,很多演出和培训内容年轻人不感兴趣;有的地区提供的文化活动内容单一,安排几次演出、送几段戏曲下乡就完成任务等问题普遍存在;甚至在同一城市,两个不同的方位都出现对群众文化服务内容了解的不同和偏差。

结束语

文化建设是城市发展的灵魂和动力,在信息技术日新月异的今天,用数字化赋能公共文化服务已经成为当前城市发展的一个重要方向。公共文化服务的数字化发展,改变了以往内容单一、供给缺乏弹性等问题,通过运用大数据和移动通信技术为人民群众提供了个性化服务,让人民群众足不出户、随时随地都能悦享生活。充分利用移动端的便捷性,打通公共文化服务"最后一公里",可为人民群众提供开放兼容、内容丰富、传输快捷、运行高效的公共数字文化服务体系,为延伸公共文化服务品牌影响力开辟一条"高速通道",以高质量文化供给为人民提供丰富的精神食粮。作为首都北京的数字化公共文化服务体系建设的成功之道是什么?在全国其他城市有无可复制性和可推广性?

3.2 案例说明书

3.2.1 课前准备

课前准备应在一周前进行,主要准备工作包括以下几个方面。

（1）提前下发案例材料，案例正文至少上课前一天传达给学生，确保每一位学生收到并能阅读案例，要求学生提前阅读了解北京市公共文化服务数字化案例正文材料，并结合相关网络材料予以提前了解。

（2）准备桌椅位置可自行调节的小型多媒体教室，方便学生分组讨论。将学生分成4~5个小组，每组至少6人，可采取临近座位学生分组的方式，要求学生针对案例进行讨论，讨论时长20~30min，各抒己见，形成小组意见，并选出发言人，准备在课堂上发言。

（3）师生进行案例教学的心理准备，主要有学习的主动性、开放性，具备一定的问题意识、科学研究的逻辑、基于事实的判断。

（4）提前了解公共服务供给的相关理论，尤其是公共服务数字化的相关知识。

（5）物品准备包括：给每个小组准备两张A4纸，用于书写讨论结果；准备若干支签字笔，发给每个小组用于书写；准备胶带，用于最后讨论结果的展示。

3.2.2　适用对象

本案例适用于公共管理、政治学专业的本科生、学术型硕士研究生和专业硕士MPA学生，另外在干部进修或培训的教学中同样可以使用。

适用公共管理学、公共经济学、公共服务与社会管理、政府规制等课程的教学。

3.2.3　教学目标

（1）通过案例，回顾公共文化服务供给的相关理论以及政府在公共服务供给中的角色和定位等相关知识。

（2）通过案例，引导学生正确认识公共文化服务数字化的时代背景。

（3）通过案例，引发学生思考如何实现公共服务供给与社会需求的精准对接。

（4）通过讨论和分析，总结案例中的经验，探讨在中国其他地区开展数字化公共文化服务的可借鉴的意义。

3.2.4　要点分析

3.2.4.1　案例问题导入

①公共服务的基本属性是什么？
②政府在公共服务供给中的角色是什么？
③你认为政府提供的公共服务是否能够满足你的或社会的需求？
④你认为政府提供的公共服务如何才能满足社会的多样性需求？
⑤你认为北京数字化公共服务有没有在全国推广的可能性？如何推广？

3.2.4.2　理论依据

（1）公共文化及其属性

公共文化作为一种历史和社会现象，已经存在了很长时期，文化可被定义为"相对于政治、经济而言的人类全部精神活动及其活动产品",并且是人类相互之间进行交流的普遍认可的一种能够传承的意识形态,这种对文化建立在交流基础上的认识本身就传达了文化具有公共性发展倾向的信息。哈贝尔斯提出市民社会的发展最初是专注于个性化的、分散的经济利益,而后则需要对这些分散的利益进行整合以保证市民社会的自维性,彼时市民社会就会对整体性和一致性的文化产生需求,这种需求体现为人们就共同关心的经济、政治、生活等一切社会问题进行思想交流与讨论,公共文化就在这类社会行为中得以形成。人们借公共文化整合形成统一的社会化价值认同体系,因此公共文化便具备了文化整合的重要功能,具备了培养共同核心价值观念的功能。

从内涵上讲,公共文化是指文化中具备公共性本质的那一部分,是人们围绕公共领域所开展的精神活动及其产品,是经济和政治在公共视野中的反映。从外延上看,公共文化的构成非常丰富,且解析维度也不是唯一的。依据其产生的物质活动的根源来看,所有公共活动或公共事物都对应着一定的公共文化领域,如与生产力相关的科技文化、与基本经济制度相关的经济思想、与政治活动有关的政法思想、与教育活动有关的文化,以及与文化传播本身有关的活动和物质条件的反映等。依据公共文化所构建的带有一定边界的空间界限来看,就有跨国公共文化、国家公共文化、城市公共文化、农村公共文化、社区公共文化、企业公共文化、校园公共文化等。依据一些特定的主题来看,就有节日公共文化、传统习俗文化等。

在我国,公共文化这一概念被引入国家战略层面是在2002年党的十六大上,这次会议首提"文化公益事业",后来被引申为"公益性文化事业"和"经营性文化产业"并列作为我国文化体制改革的初始方向性区分标志。在公共文化具有何种特点方面,有学者认为公共文化具有"群体性、内聚性、包容性和时代性"特点,有学者认为公共文化具有"文化性、公益性、社会性、民族性和地域性"的特点,还有学者认为公共文化具有"整体性、公开性、公益性、一致性"的特点。这些特点的归纳对公共文化的内涵都是很好的诠释,有的特点能够对公共文化本质有所反映,有的特点反映了研究者对公共文化所做的评判。根据公共文化和非公共文化,即经营性文化的区别,以及我国对公共文化发展的客观需求等分析立场,本文认为公共文化具有如下主要而基本的特征。

①公共性　美国文化学家杰埃格和塞尔斯尼克曾说过,"尽管文化植根于个人的需要和现实当中,但它不是一种个人的东西,应该将其视为全人类共同具有的或广泛见于人群的共同现象"。这可以被认为是文化内涵中包含着天然公共性的解释,但是却又无法回避现实中存在着的文化隔离事实,因此提出"公共文化"的概念,并将公共性作为公共文化在形式上所具备的一个最重要特征,可以形成一个有别于私有的、排斥公开的文化领域。

②价值性　文化本身具有价值性,一方面文化由人创造出来,是实践的产物,内含价值;另一方面人对文化有需求,这种需求与文化创造连接在一起形成文化的价值关系。由于社会中的人对文化需求有多样性,因而也就产生了复杂多重的文化价值关系。其中,有利于人类社会发展与进步的,其价值方向便是正向的;而不利于人类社会发展与进步的,其价值方向便是负向的;两个价值方向相反的文化方向本质上是不相容的,而它们在客观上又是同时存在的。公共文化作为对人类发展具有相当影响力的文化形

式，其具有的价值性则必然要求公共文化在发展过程中要对社会进步起推动作用，公共文化要在塑造积极向上的社会价值观念方面起到引领作用。

③共享性 和其他学者提出的公共文化特征概念相比较，共享性同群体性、公益性显得有较强的关联性，群体性可以理解为共享性的一种结构基础，公益性可以理解为共享性的一种保障，然而共享性的内涵实际远超群体性和公益性，因为共享性意味着跨越群体结构是其本身应有的题中之意，而公益仅仅是有利于共享出现的一种途径，单单依靠公益的方式，并不能保证共享的可持续。此外，公共文化的公共性涉及共享性，但不能囊括共享性，因为共享的背后可以寓意着共建，而公共性则无法体现共建的含义。而从价值角度出发，共享是价值增长取得快速的边际递增的最有效方法，作为两个独立的特征，它们之间的相互作用是公共文化发展必需的内在动力。在提出"让全民共享发展成果"的今天，明确提出公共文化的共享性，有利于激发全社会参与文化建设的热情，使公共文化建设成为一项持久的朝气蓬勃的事业。

（2）公共文化服务项目

从《国家基本公共文化服务指导标准》上规定的基本公共文化服务项目来看，涉及服务主体的主要是政府，涉及设施方面有广电基础设施、文化馆、图书馆、博物馆、美术馆、公共文体场所、公园等；涉及具体文化载体的有图书、报刊、电子书刊、阅报栏、电子阅报屏、广播节目、电视节目、电影、戏剧等，同时对文化活动的具体开展上提出了基本的宏观要求，如广播、电视节目的套数，电影放映部数。从标准实施方面来看，对基本公共文化服务保障资金的落实、对标准实施情况的动态监测和绩效评价，都有明确的规定。所以，基本公共文化服务可以理解为由基本文化服务主体、设施、内容供给、服务保障和服务评估5个部分组成，可以定义为以《公共文化服务保障法》为准绳，由政府主导并提供公共财政支撑，公共文化服务项目、硬件设施和人员配备根据国家指导标准和本地实施标准予以开展的公共文化服务资源组织、过程设计与实施、绩效评价等一揽子工作的总称。

（3）公共文化服务数字化

公共文化服务数字化具体是指以满足公众基本的文化需求为目标，由各种类型公共文化机构如图书馆、文化馆和博物馆等，通过数字化重点技术，如三维技术、虚拟现实技术、数字图像技术、多媒体技术、数字内容管理与发布技术、3S技术（RS遥感技术、GIS地理信息系统和GPS全球定位系统）和宽带网络技术等，对公共文化资源进行数字采集、数字处理以及数字保存与管理，依托网络云平台与实体空间的设备终端，实现公共文化资源与服务的共享与传播。

3.2.5 教学安排

3.2.5.1 课时量安排

本案例可以作为专门的案例讨论课来进行，采取分层讨论逐步推进的剖析法。班级规模40人左右，共120~135min，2个课时。

3.2.5.2 具体教学环节及步骤

（1）首先请学生熟悉案例，教师简单介绍案例，引导学生按照教学目标开展思考，介绍时间在20min。

（2）分组展开讨论，每组控制在6~7人，一般会有6组，讨论时间在15~18min。小组讨论达成共识，并推荐一位代表发言。

（3）每个小组根据小组讨论的结果发言，组员可以做补充，其他成员可以质疑提问，观点不与前边的观点重复，每组时间控制在7min，共计40~50min。

（4）教师在每个小组发言的时候，记录学生观点并进行整合，将案例焦点引导到如何有创新性地、有效地提出解决问题的思路方案上。

（5）教师将整合的观点予以公布，5min。

（6）各小组再进行深入讨论5min，各组分享40min左右。

（7）教师总结8min。

3.2.6 其他教学支持

包括一些辅助的信息资料、计算机支持和视听辅助手段支持等。

中国国家博物馆数字展厅，全景故宫VR，中国科学技术馆VR。

参考文献

罗卫，2019. 智慧城市视角下的公共文化服务供给模式研究[D].湘潭：湘潭大学.

冯献，李瑾，2021. 数字化促进乡村公共文化服务可及性的影响与作用机制分析——以北京市650份村民样本为例[J].图书馆学研究(05)：19-27.

魏亚争，吴昊，2020. 公共文化服务的数字化传播创新策略[J].中国广告(11)：79-81.

张振鹏，2022. 公共文化产品服务供给数字化运营机制[J].山东社会科学(02)：84-92.

王莉莉，2022. 公共文化服务数字化建设研究[J].中国管理信息化，25(09)：172-174.

姜雯昱，曹俊文，2018. 以数字化促进公共文化服务精准化供给：实践、困境与对策[J].求实(06)：48-61，108-109.

张海涛，2018. 借助数字化提升公共文化服务水平[J].人民论坛(29)：134-135.

思考题

1. 简述当前我国公共文化产品服务供给存在的问题及有效解决这些问题可以建立的公共文化产品服务公司运营机制。

2. 简述目前实现公共文化服务数字化的主要障碍及政府在公共文化服务数字化过程中需要承担的责任。

3. 简述公益性质的公共文化服务如何让政府克服"供给方缺陷"和"需求方缺陷"的

问题。

4. 简述北京市的公共文化服务数字化的成功之道并试着用关系图画出。是否还存在哪些改进空间？

5. 简述北京市公共文化服务数字化的利益相关方并分析各个利益相关方在其中扮演的角色。

案例4

物业管理该何去何从

(廖灵芝)

摘要： 本案例从物业管理的现状和存在的突出问题入手，综合数例典型的物业纠纷案件及处理结果作为分析对象，帮助读者站在物业管理方、业主方、监管方等不同角度看待物业管理纠纷，引导读者从法律、情理、政策法规、高效治理等方面建立对物业管理的认知维度，科学全面客观地认识物业管理纠纷。以如何合理合法、高效化解物业矛盾为导向，引入成功化解物业纠纷的优秀案例，拓展读者化解物业纠纷的思路和能力。从物业管理如何融入基层社会治理体系、如何提升物业管理服务水平、如何健全业主委员会治理结构、如何强化物业服务监督管理角度引导读者对更好地解决物业管理纠纷进行深度思考。

关键词： 物业管理服务　公众服务　社区治理　纠纷化解

4.1　案例正文

引　言

物业管理通常是指业主通过选聘物业服务企业，由业主和物业服务企业按照物业服务合同约定，对房屋及配套的设施设备和相关场地进行维修、养护、管理，维护物业管理区域内的环境卫生和相关秩序的活动。物业管理有狭义和广义之分，狭义的物业管理是指业主委托物业服务企业依据委托合同进行的房屋建筑及其设备、市政公用设施、园林绿化、卫生、交通、生活秩序和环境容貌等管理项目进行维护、修缮活动；广义的物业管理应当包括业主共同管理的过程和委托物业服务企业或者其他管理人进行的管理过程。随着我国城镇化进程的不断推进，物业管理已经成为城市居民生活的一部分，物业管理的好坏关系到每一个小区的软价值，甚至与每一位业主的居住获得感和幸福指数息息相关。物业管理的重要性不言而喻，但近年来物业和业主的纠纷此起彼伏、愈演愈烈，城镇居民身边的物业服务合同纠纷案件更是逐年上升，其在民事案件中已经达到了举足轻重的地位。物业管理纠纷普遍化的背后到底存在着什么样的问题，产生问题的根源又是什么，有没有更好的办法可以解决这些问题或者避免这些矛盾发生，如此问题引人深思。"小物业"牵动"大民生"，在社区文明和网格化治理不断被推到新高度的今天，如何更好规范物业管理、化解物业纠纷，有效提升社区综合治理能力，是值得每一位公共管理者深入探究的课题。

4.1.1 物业纠纷事件层出不穷

  2020年9月初，宁波镇海区中梁首府，因为业主对万科物业开始收取地下人防车位租赁费不满，几位业主敲锣打鼓，把一面印着"干啥啥不行，收钱第一名"的锦旗送到了小区的物业服务中心。此事一经报道，迅速被全国各地的业主们效仿。讽刺的"锦旗"、无奈的物业、激动的业主，这样的场景在全国不断出现，引人深思。而物业纠纷不止是普通百姓的困扰，明星和公众人物照样面临。近些年就有媒体不断曝出赵本山、大兵、李荣浩等公众人物与物业的各种纠纷，赵本山质疑物业服务质量，拒交11万元物业管理费；李荣浩发长文怒怼物业；湖南长沙相声演员大兵更是实名举报"黑物业"，一举打掉涉案团伙。

  改革开放40多年来，我国的人口实现了从农村到城市的急剧转移，截至2021年年底，全国常住人口城镇化率为64.72%。也就是说，当前我国大陆14.13亿人口中有9.14亿人口居住在城市中。而9.14亿城市人口中，很大一部分人是居住在有物业管理的住宅小区里。由于物业管理是我国改革开放后，伴随着城市建设的突飞猛进、人口城镇化和城市人口居住方式现代化产生的新鲜事物，相关物业管理的法制建设，又长期处于滞后的局面。为此，物业管理领域存在的问题特别是物业公司与业主的矛盾长期严重尖锐。据中国裁判文书网显示，2013年至2021年，我国物业服务合同纠纷案法律文书从17 000余份达到了548 000份，并且这一数字还在持续攀升。物业纠纷案看上去不但案情简单，而且涉案标的额也相对较小，但是纠纷背后却实实在在地关乎到了大多数人的切身利益。物业纠纷也逐渐演变成为一个社会治理难题。

4.1.2 硝烟四起却是非难断

4.1.2.1 委屈的业主

  交了物业费却没有得到质价相符的服务，物业对业主吆三喝四，甚至大打出手，小区公共收益不透明、开支不公示、欺骗业主、停车管理混乱等问题在物业管理过程中比比皆是，令业主委屈不堪。

  物业管理的实际过程中，从法律角度来讲业主和物业公司应该是平等的，但由于单一业主个体，无法代表全体业主选择物业公司、解聘物业公司，对物业公司的管理、收费、服务等进行谈判、监督，因此物业公司与业主是不平等、不对等的关系，物业公司对小区行使管理权，同时也管理着业主，在这个过程中，业主个体显然要明显弱势于物业。这也是业主在享受物业服务过程中觉得被动和委屈的主要原因。

4.1.2.2 苦恼的物业

  网络上有个段子说："物业工作，实在难做；屋顶漏水，爬上爬下；室内渗水，找东找西。排污管堵，上蹿下跳；电梯困人，心急如焚。水管爆裂，天旋地转。水泵一坏，大脑空转；单元门坏，忙里忙外；电梯停运，鸡飞狗跳。违规装修，一定要管。违章搭建,立报城管;业主索赔,又哄又笑。入室被盗,情况不妙;报警无望,只有苦笑。业委恶评,彻底崩溃;业主夸赞,稍有欣慰。锦旗一送,快乐回味;领导满意,来之不易。社会满意,纯属故意;业主满意,真不容易。总结一句,前世自作孽,今生做物业。"

以上虽是一个网络段子,但足以反映出物业工作的复杂性和重要性。但业主的诉求永远是不能被完全满足的,服务无止境,这也道出了物业服务的酸楚和艰辛。

4.1.2.3 无奈的监管

物业管理发生矛盾,尝试与住建部门或物业管理部门反映情况,能听到最多的答复是:这个事不归我管,你们小区的问题不在我们管理权限内,我想管也管不了等。对于物业管理该由谁来监管、监管什么、怎么监管,现行相关政策和法律并无明确规定。物业管理纠纷谁来调解,街道和房管局按理都能牵头调解和干预引导,但现实却是谁都不愿管,都怕出事被追责。许多关乎业主基本权益的重大问题,目前法律规定都是空白或没有权威部门予以明确。"法无授权不可为",法律规定的空白导致行政机关、司法机关无法可依,无法作为。物业监管如此重要,但截至目前,国家和地方层面均没有出台物业监管方面的法律法规(条例、规定),在现实中也没有形成基本、完善的监管体系。

4.1.3 诉诸公堂法院裁判明对错

从以上各方观点来看,都不无道理,但要解决问题,只能用一个标准,只能有一种解释,我们可以从以下典型材料中,找到对错的真相。

材料1

(1) 基本案情

业主冯某与物业公司签订《前期物业服务协议》一份,协议主要约定物业服务费收费标准是每月0.9元/m^2,实行预交制度,每半年缴纳一次,冯某应在每半年的第一个月预交下半年的物业服务费和公摊能源费。逾期按所欠费用0.05%/天收取滞纳金。冯某房产面积96.16m^2,自2014年1月1日至2018年12月31日冯某未交物业服务费,物业公司主张冯某拖欠金额5124元,违约金金额2376元。为此双方形成纠纷。

(2) 裁判结果

法院生效裁判认为,物业服务合同是物业服务企业与业主订立的,规定由物业服务企业提供对房屋及其配套设备、设施和相关场地进行专业化维修、养护、管理以及维护相关区域内环境卫生和公共秩序,由业主支付报酬的服务合同。冯某与物业公司签订《前期物业服务协议》是有效合同,内容不违反法律、行政法规的强制性规定,合法有效。物业公司系经有权机关登记注册的物业管理公司,有权在经营范围内行使权利。物业公司已对冯某居住的小区实施了物业管理服务,并履行了相应的义务,冯某理应交纳物业管理服务费,拖欠不交已构成违约。冯某提供大量的照片和视频资料等证据证明物业公司在物业管理服务过程中存在瑕疵,对小区业主提出的问题,物业公司应当主动及时加以整改,承担养护、维修公共设施、设备的责任,对小区内私占公摊面积违章建筑应及时制止,不听劝阻的及时向有关执法部门报告,配合执法部门依法强制处理。物业公司应与业主一道共创文明、美丽、安全、和谐的小区。冯某作为业主,不能因物业公司个别地方做得不足,以拒交物业管理服务费的方式对抗物业服务瑕疵的行为,影响整个小区正常的物业管理,对物业公司要求冯某给付物业管理服务费5124元的诉讼请求,予以支持。对物业公司要求冯某承担滞纳金的诉讼请求,物业公司在提供物业服务时确实存在一定的瑕疵,为缓解双方的矛盾,促进物业公司重视物业服务质量,且双方合同中约定违约金过高,遂将违约金酌定为500元。

材料2

(1)基本案情

业主赵某与物业公司签订物业管理服务协议,该协议约定了双方的权利和义务,约定了物业管理服务内容、物业管理服务质量、物业管理服务费用及违约责任等事项;但该协议未约定合同变更、终止等事项。2018年9月28日,物业公司在该小区张贴《物业费用调整公告》对物业费做出调整。2018年10月至12月,物业公司在发放《费用调整征求意见表》征求意见。2019年1月1日起,物业公司开始按上调后的价格标准收取物业费用,因赵某拒交,物业公司提起诉讼。审理中查明,小区共有370户业主,该小区未成立业主委员会。物业公司提供物业服务期间,对公司收益和支出情况未向该小区业主进行公示,该小区物业服务费用调价的相关事宜,物业公司也未向政府有关物价部门备案。

(2)裁判结果

生效裁判认为:物业服务费的调整属于物业管理区域内重大物业管理事项,根据《中华人民共和国物权法》第七十六条的规定及《物业管理条例》第十一条的规定,涉及物业费收费标准的调整,应当由业主共同决定,并经专有部分占建筑物总面积过半数的业主且占总人数过半数的业主同意。住建部《业主大会和业主委员会指导规则》第五十八条规定:业主委员会产生之前,可以由物业所在地的居民委员会在街道办事处、乡镇人民政府的指导和监督下,代行业主委员会的职责。本案中,案涉小区尚未成立业主大会并选举业主委员会,应当由当地居委会代行业主委员会职责,在当地街道办事处、乡镇人民政府的指导和监督下,与广大业主充分协商,对物业服务费的调整进行充分调查,广泛征求全体业主意见,并将调查结果向社区居委会和街道办事处进行报告,在经社区居委会及街道办事处均对调查结果予以认可,并同意上调小区物业费的情况下,进行物业管理费的调整。生效判决认定其未经充分协商,驳回物业公司调价部分的诉讼请求。

材料3

(1)基本案情

某小区未成立业主委员会,2016年5月20日,社区居委会与物业公司签订《物业委托服务协议》,约定由物业公司为涉案小区提供物业服务,约定了物业服务内容、服务期限、服务费用、物业的使用与维护等。业主刘某起诉请求:确认社区居委会和物业公司签订的《临时物业委托服务协议》无效。

(2)裁判结果

一审法院认为:在案涉小区业主、业主大会选聘物业服务企业之前,居民委员会与物业公司签订《临时物业委托服务协议》,委托物业公司对小区临时进行前期物业服务管理,并无不当,关于该协议系非法协议的主张不成立。如涉案小区业主不同意物业公司对小区继续进行物业服务管理,可以依法更换、选聘新的物业服务企业。根据《中华人民共和国民事诉讼法》第六十四条规定,判决:驳回刘某的诉讼请求。刘某不服,提起上诉。二审法院判决驳回上诉,维持原判。刘某仍不服,申请再审。

再审法院认为:在居民委员会是否具备选聘物业公司的职能上,本案根据《中华人民共和国城市居民委员会组织法》第二条规定,居民委员会是居民自我管理、自我教育、自我服务的基层群众性自治组织。同时参照住建部《业主大会和业主委员会指导规则》第五十八条规定,因客观原因未能选举产生业主委员会或者业主委员会委员人数不足总数1/2的,新一届业主委员会产生之前,可以由物业所在地的居民委员会在街道办事处、乡镇人民政府的指导和监督下,代行业主委员会职责。认定居民委员会对辖区内小区具有一定管理职能,可以在特定条件下代行业主委员会职责,选聘小区物业公司为业主临时提供服务。对于居民委员会与物业公司签订的《临时物业委托服务协议》的法律效力,该协议未损害社会公共利益,未违反法律、行政法规的强制性规定,亦不存在《中华人民共和国合同法》第五十二条规定的无效情形。

材料4

(1)基本案情

2014年1月19日,物业公司(甲方)与业主刘某(乙方)签订《前期物业服务协议》,其中第五条约定的有偿服务费包括车位维护费用、地下停车场(车库车位为每月80元/席),业主不按照协议约定的收费标准和时间缴纳有关费用的,甲方有权要求补缴并从逾期之日起按照每日0.3%交纳违约金。因车位交付纠纷,刘某将开发商公司诉至一审法院,该院于2019年4月20日作出另案判决,认定刘某的车位交付时间是2017年年底。刘某至今未缴纳过车位维护费,物业公司催缴未果提起本案之诉,请求:依法判令刘某向其支付物业服务费2720元,违约金4174.1元(违约金暂计至2019年5月31日,实际主张至付清物业服务费之日),共计6894.1元。

(2)裁判结果

法院生效判决认为,物业公司为涉案小区提供了物业服务,刘某理应支付物业费。因刘某未按时缴纳车位维护费,构成违约,刘某应向物业公司支付1440元车位维护费并承担年利率5%的利息。关于刘某主张其不应当承担2018年11月20日之后的车位维护费的问题,因刘某存在违约行为,且刘某主张已经解除合同的依据不足,不予支持。

材料5

(1) 基本案情

2007年1月1日，某谷物业公司与房地产开发有限公司签订《前期物业管理委托合同》，就某谷物业公司提供前期物业管理服务，明确管理期限自合同生效之日起至该小区业主委员会与其所选聘的物业管理企业签订物业管理服务合同生效之日止。2018年2月11日，小区召开第二届业主大会，选举产生了二期业委会，并向所在街道办备案。二期业委会多次书面通知某谷物业公司对业主反映的"电梯故障，限制业主充水、充电，监控设备故障"等问题进行整改，但双方协商无果。2019年3月8日，二期业委会发出《关于召开小区二期全体业主(楼长)代表大会的公告》，准备召开业主(楼长)代表大会，对小区选聘新物业管理公司等有关事宜进行表决。2019年3月31日，二期业委会发出公告载明"业主代表大会同意并授权二期业委会全面向社会公开、公平、公正以招标、议标、邀标的方式进行重新选聘新的物业公司，本结果公告之日起由业主委员会立即执行等"，公告上显示有该小区所在办事处监督员范某、张某，社区监督员齐某、崔某的签字。该公告内容系打印，未加盖所在社区、办事处的公章，监督员亦未签章。

2019年4月18日，二期业委会与招标有限公司签订招标代理合同，委托该公司为涉案小区二期物业管理项目实施招标。2019年4月22日二期业委会向某谷物业公司发出邀请函，邀请其报名参加小区物业服务项目的投标工作。2019年5月16日，某鼎物业公司中标，于2019年5月29日与二期业委会签订物业服务合同。二期业委会提供的二期业主代表(楼长)授权委托书中载明的委托期限为自2018年1月29日起至2023年1月28日止，多处出现一人书写、代签、代投的情况。另案业主李某、赵某等提起业主撤销权之诉，二审法院于2021年4月1日作出判决，认为无充分证据证明二期业主大会作出的选聘新物业服务企业的决定违反法律规定，判决驳回李某、赵某等的诉讼请求。二期业委会于2019年8月21日提起本案诉讼，要求某谷物业公司撤离该小区，并移交相关资料及设施等。

(2) 裁判结果

生效裁判认为：案涉前期物业合同约定物业服务期限至二期业委会与其所选聘的物业管理企业签订物业管理委托合同生效之日止。2019年5月29日，二期业委会经公开招标的形式已另行与某鼎物业公司签订物业服务合同，某谷物业公司未能中标，至此案涉前期物业合同因合同约定的条件成就而终止，且生效判决也驳回了该小区业主要求撤销二期业主代表大会决议的诉请，故二期业委会要求某谷物业公司搬离涉案小区，并向其移交物业服务用房及监控设施，于法有据。另《物业管理条例》规定，在办理物业承接验收手续时，建设单位应当向物业服务企业移交竣工总平面图，单体建筑、结构、设备竣工图，配套设施、地下管网工程竣工图等物业管理所必需的竣工验收资料。物业服务企业应当在前期物业服务合同终止时将上述资料移交给业主委员会。二期业委会要求移交上述相关资料，符合规定应予支持。某谷物业公司搬离涉案小区，应对案涉车库进行移交，但所涉行为不得侵害建设单位的相关合法权益。二审法院判决撤销一审判决，某谷物业公司搬离案涉小区，并向二期业委会移交物业服务用房、监控设施、地下车库及物业管理资料等。

材料6

(1) 基本案情

2014年5月16日，某友物业公司与小区业主委员会签订《物业服务合同书》，并二次续签。2018年4月26日，某友物业公司在小区公告栏发布《全体业主告知书》，声明物业服务合同到期后，如在2018年5月10日前未召开业主大会决定续签物业服务合同，其届时将依约退出服务。后双方未续签合同，某友物业公司也未退出物业服务。双方多次协商未果后，2018年7月22日，业主委员会向某友物业公司书面告知解聘。2018年8月2日，业主委员会发布选聘新物业公司的公告。其间，因某友物业公司退出小区及办理交接手续等事宜，双方发生争议，多次前往相关办事处、居委会等部门协调。新物业某智慧服务公司于2018年12月正式入驻该小区。王某为该小区业主，因对物业服务不满意，从2014年4月28日起未交纳物业费用。某友物业公司将王某轩诉至法院，请求依法判令：王某轩支付拖欠的2014年4月28日至2018年11月28日的物业服务费4875元及利息。

(2) 裁判结果

法院生效裁判认为：关于某友物业公司是否有权主张2018年4月29日至2018年11月28日的物业服务费。《最高人民法院的解释》第十条规定，物业服务合同的权利义务终止后，业主委员会请求物业服务企业退出物业服务区域、移交物业服务用房和相关设施以及物业服务所必需的相关资料和由其代管的专项维修资金的，人民法院应予支持。物业服务企业拒绝退出、移交，并以存在事实上的物业服务关系为由，请求业主支付物业服务合同权利义务终止后的物业费的，不予支持。本案中，2018年4月29日至2018年11月28日，双方签订的物业服务合同到期后，小区业委会虽尚未和新的物业服务公司签订物业服务合同，但已明确要求某友物业公司退出物业服务区域，某友物业公司仍请求该期间的物业费，无法律依据，不予支持。关于物业服务费的标准，某友物业公司的物业服务虽存在一定瑕疵，但基本完成了物业服务合同约定的服务事项，综合考虑案涉因素，对物业费已酌情予以调整，在原收费的基础上扣减20%。扣除2018年4月29日至2018年11月28日期间的物业费，并扣减20%后，王某应缴物业费为3365元。

材料7

(1) 基本案情

2019年1月，某邦物业管理有限公司与业主委员会签订《物业服务合同》，由某邦物业管理有限公司对小区提供物业管理服务。该小区是惠民工程，住房系经济适用房，段某等6人为该小区业主，其认为物业公司在车位、绿化、安全管理、收费标准、服务态度等方面存在很多问题，多次向社区反映，一直未得到妥善处理，联合起来以拒缴物业费的方式与物业公司对抗，个别业主拖欠物业费达 2 年之久。某邦物业管理有限公司与欠费业主多次沟通协商相关费用未果，于 2021 年 6 月分别将段某 6 户业主诉至法院，要求业主缴纳物业费。

（2）裁判结果

法院受理该案件后，法官认真研判案情，本着减轻当事人诉累、节省司法资源、尽量一次性解决纠纷、避免出现矛盾裁判的原则，将 6 起案件合并进行审理，并分析形成裁判及解决问题的思路。首先到小区走访，积极与业主沟通，耐心倾听业主们的意见，并向业主讲解物业公司的工作职责、业主的权利义务及不缴纳物业费的法律后果。同时，针对物业公司服务不达标而引起小区业主不满的情况，建议物业公司制定整改报告的同时酌情降低一些费用，并敦促他们重视业主需求，畅通沟通渠道，完善物业服务，经过多轮沟通，最终促使双方达成一致意见，物业公司表示会认真听取业主意见，切实履行整改报告，提升服务质量，6 户业主主动向物业公司按照双方约定的标准支付了相关费用，物业公司申请撤诉，本案得以顺利调解结案。

4.1.4 纠纷背后细思原因很复杂

当我们了解了前面的这些典型案件后，我们不禁要问，产生这些纠纷的根源到底是什么？总结我国物业管理发展的实践，可以探究出一些原委。我国物业管理的方式，绝大多数为总包方式，少量的为按照物业服务项目分项承包方式等，物业企业的所有制性质绝大多数为盈利性私有制公司，少数为村（居）集体企业、国有企业等。通过案件总结，我们不难发现采用私营公司总承包制方式实施物业管理的住宅小区，物业管理领域必然存在的三大矛盾难于调和。

（1）物业公司追求利润最大化与业主低收费优服务诉求之间的矛盾

追求利润这是企业的天性，低成本高收入是企业盈利的主要手法。如果没有外在压力，对物业公司而言成本费用支出越低越好，而收费盈利是越高越好。俗话说"便宜没好货"，物业公司压低费用开支，提供的必然是劣质服务。而从服务购买方——业主而言，物美价廉，最好是能享受到免费且优质的物业服务是每个业主的梦想和追求。因此，从本质上讲，物业公司与业主的诉求是天各一方不可调和的矛盾。

（2）小区的统一规范管理与各个业主之间不同的行为诉求之间的矛盾

俗话说"众口难调"。一个住宅小区少则百来户，多则几千户，每户业主均有自己的价值理念和评判标准，各业主都是平等的法律主体，谁也不能领导谁、代表谁、管理谁、压迫谁。"无规矩不成方圆"，物业公司提供的是统一管理和服务，但怎么管理、怎么服务、收费的标准与提供的服务质量是否相称，每个业主的口味不同，没有一个权威的判定标准，永远充满矛盾。

（3）公司运营的私密性与业主应该享有的知情权、监督权之间的矛盾

收入、开支、用人、决策等都是企业内部管理信息，一般不对外公布。但业主作为物业公司管理服务的对象，物业公司的物业收费及均衡情况，公共停车位、广告费、管线入区收费、公共资产使用出租运营等情况，保安、保洁、水电维修、电梯维保、道路、墙面、照明器具等破损修复，都与业主息息相关，业主应当拥有知情权、监督权。

既然矛盾是必然的，那我们就有必要清楚两个问题。

第一个问题：物业管理权到底是什么权？是公权利还是私权利？是行政管理权还是民事处置权？由谁行使？如何行使？

物业公司应当拥有两项权利、承担一项义务。两项权利是指物业管理权和收取费用报酬权，其中物业管理既是权利也是义务，如小区安保权，物业公司有权禁止非业主进出小区，又如有权监督业主在房子装修时是否损害破坏公共利益，再如有权要求车辆按位停靠等。当然这个权利的行使是维护小区良好秩序，也是物业公司的应尽义务。一项义务即物业服务，其内容是在物业服务区域内为业主提供建筑物及其附属设施的维修养护、环境卫生和相关秩序的管理维护等，具有公益性。物业管理、物业收费最终实现要靠强制力来保障。但物业公司、业主委员会作为民事主体，不应当拥有强制力，强制力只能国家拥有。因此，笔者认为物业公司的管理权、收取费用报酬权只能是劝导性的权利，当权利不能实现时必须依法申请国家强制执行。

第二个问题：物业收费权是强制性收费还是自愿性交费？谁应当拥有物业收费权？物业公司、业主委员会，还是其他方？

如上所述，笔者认为物业收费最终必须由国家强制力来保障。物业公司不应该拥有直接向业主收费的权利。物业收费权应该归业主委员会拥有，同时业主委员会的收费权也只能是劝导性权利，当劝导无效时必须依法申请国家强制保障，如通过诉讼，由法院判决，由法院强制执行。物业公司的服务费用应该由业主委员会支付。从长远看，物业收费也可以由业主委员会委托社区、街道或政府部门代为收取。这样收费更具有权威性，收费一视同仁的公平性也得到保障。长期以来，由物业公司直接向业主收取物业管理费的方式是引发物业公司与业主矛盾的主要原因。按照《物业管理条例》物业公司的服务内容及收费标准是与业主委员会议定的，业主作为个人无权与物业公司议价，同时也无权选择物业公司、解聘物业公司，在选择服务内容、服务质量方面也要通过业主委员会代为行使，没有与物业公司直接对话的权利。在这种背景下，许多物业公司不希望业主成立业委会，在没有业委会的情况下，物业公司实际上拥有业委会的权利，也拥有任意收费、任意欺凌业主的权利。

4.1.5 化解纠纷确属有路可循

从上面的典型案件大家可以看出，物业纠纷已成为一个较为普遍的社会问题，面对层出不穷的物业纠纷，甚至恶化到对簿公堂的窘境时，如何化解？我们来参考一下山东省东营市的物业纠纷调解模式。

东营市人民调解中心致力于构建一站式化解矛盾纠纷平台，充分发挥人民调解"第一道防线"作用，成立物业纠纷调解委员会引入专家评议、进小区送法调解、加强矛盾纠纷源头预防、前端化解等，在不断实践中蹚出了一条人民调解柔和化解物业纠纷的新路径，逐步实现矛盾"小事不出社区(小区)、大事不出乡镇(街道)"的目标。

(1)各路专家齐上阵，率先开创物业纠纷综合治理新模式

为了更好地解决物业纠纷问题，东营市人民调解中心在山东省率先开创了物业纠纷

综合治理的新模式，在调解工作中引入第三方评估服务，政府搭台、企业唱戏，建立规范运作的标准化评估和纠纷调解机制。在物业调解过程中，不仅有物业和业主当事人，还有房地产开发专家、建筑专家、预算专家、物业服务专家、住建局工作人员……大家根据自己的专业知识讨论分析，摒弃以往互相扯皮、推诿、说服的旧方法，给人民调解添上专家的力量，用专业知识化解矛盾，形成社会参与、部门协同、多元调解、专家判定于一体的"一站式"物业纠纷调处新模式。

（2）用心化解，物业缴费率实现攀升

调解中心联合相关部门找到了居民的难点、堵点、痛点后迅速行动起来，街道着手解决小区内运动设施和活动中心的问题；市住建局、物业公司、业主委员会、居民代表、社区书记多次开展座谈会，听建议、理关系。

调解中心多次走进小区，通过访民情、听民意和普法活动，与居民面对面，倾听百姓心声，为民服务解难题。专业律师及调解专家现场提供法律咨询，解答群众遇到的纠纷困惑并结合相关案例向群众讲解了人民调解工作的职能、流程及优势等内容，呼吁群众在遇到矛盾纠纷时把人民调解作为化解纠纷的首选办法，避免矛盾激化。居民们逐渐意识到了物业费的用途，对于改善小区环境和打造美好社区的心情也逐渐迫切了起来。

在这样的氛围下，物业缴费率逐渐提高，自从物业缴费率上来之后，物业服务也在不断提档升级，小区环境越来越好，业主的满意率也不断提高，物业和业主的关系进入彼此成就，互惠互利的良性循环模式。

（3）预防前置，共建和谐、文明平安社区

为加强矛盾纠纷源头预防、前端化解，提升物业服务质量，预防化解各类纠纷，建设文明法治社区，东营市人民调解中心联合多部门多次走进社区，开展"矛盾纠纷预防与调解"普法宣传活动，现场普法同时，还现场调解物业纠纷。2021年11月12日，东营市人民调解中心盈科律师调解室文汇服务站揭牌，并且每周派驻1~2名律师现场值班，提供免费法律咨询调解服务。东营聚源物业服务有限公司签订承诺书，承诺将会按照《物业服务合同》全面履行合同义务，建立物业费交费快捷通道，并设立物业保障、金融服务、法律咨询快速通道，以提升本小区物业服务质量，造福小区全体业主。

大胆尝试、勇于实践，东营市人民调解中心在实践中找到化解物业纠纷的好方法、好路子，形成可复制、可借鉴、可推广的"东营模式"，让物业公司清清楚楚服务，广大业主明明白白交费，树立良好的物业服务契约精神，共同打造文明街道、和谐社区，为建设平安社会贡献力量。

结束语

综上所述，我们不难发现中国的物业管理行业发展到今天，取得了巨大的成就，但也积累了大量的问题，物业管理在发展的过程既形成了它符合当下社会发展和经济发展规律而存在的必要性，但同时也突显出其在满足人们日益追求居住品质和幸福生活过程中的种种不适应和不完善。各种矛盾的积压，纠纷的叠加势必从事物内部和外部引发必然的冲突,如何化解这些冲突离不开制度设计、政策纠偏以及管理优化。而这个设计、纠偏和优化的过程,正是我们每一位从事公共管理的个体,必须要面对和参与的课题。

4.2 案例说明书

4.2.1 课前准备

(1)准备案例材料,每位同学一份。
(2)物业管理政策法规材料搜集,电子版材料发给学生。
(3)根据学生人数设计学生分组办法。

4.2.2 适用对象

MPA在读一年级研究生,从事物业管理服务的物业公司从业人员、社区治理人员、业主等。

4.2.3 教学目标

(1)教案第一、二部分主要对当前我国物业管理的现状做一个简要描述,使读者对物业管理的概念和现状有一个初步的认识和理解。

(2)教案第三部分为物业纠纷裁判典型案件,通过大量案例使读者对物业管理的概念以及物业管理的边界有一个全面的认识,对物业管理纠纷的成因、类型、根源、化解途径等有深入的了解,典型裁判案例主要帮助读者从法律角度明确以下问题:

①物业服务存在质量瑕疵,业主不能拒交物业服务费,但违约金可以据实减少。
②未经法定程序讨论通过的物业服务费调整,对业主不具有拘束力。
③居民委员会有权为未成立业主委员会的小区选聘临时物业公司。
④单一业主作出的解除物业合同的意思表示并不直接产生合同解除的法律效力。
⑤前期物业公司无权对业主大会选聘物业公司的决定行使撤销权、退出物业服务的企业应当向业主移交物业设施及资料。
⑥业主委员会选聘新的物业公司后,原物业公司拒不退出,无权继续收取物业费。
⑦法官深入实地走访勘验就地调解六起物业纠纷,权威部门下沉基层对解决物业纠纷具有十分积极的作用。

(3)教案第四部分纠纷背后的原因探究,引出我国物业管理领域存在诸多矛盾纠纷的关键原因,引导读者进一步深入探究目前物业管理领域存在的弊端和改进的思路。重点探索以下问题:

①物业管理是否混淆了政府强制性公权利和民事平等主体之间的协议性、劝导性行为之间的边界。物业管理、物业收费都需要强制力,否则各个业主各行其是,物业管理就会瘫痪;没有外力作用,单靠自觉,绝大多数业主不会主动缴纳物业费用,物业费用

收不上来，物业管理就会缺乏资金保障，陷于瘫痪。物业公司、业主委员会、业主都是平等的民事主体，相互之间可以协商协议性、互相劝导性，但任何一方都不能凌驾对方、强制对方。强制力是政府专有的权利，任何民事主体都不应拥有。长期以来，物业管理最大的问题就是物业公司代行了政府的公权利，将协议性、劝导性行为演变为强制性行为，这也是物业公司面向业主趋向野蛮化，甚至黑恶化的主要原因。

②物业管理存在这么多的问题，是否因为过度崇拜市场的能力，过度相信市场主体自觉的道德。将本应由政府方可承担的责任和义务简单地抛给社会、抛给市场，并一抛了之，即缺失服务也缺失监管。

③在新形势下，如何科学合理地设计物业管理的治理结构？加强住宅和物业管理，要调动居民、社会组织、社会工作服务机构、社区志愿者、驻区单位等多方的积极性，实现决策共谋、发展共建、建设共管、效果共评、成果共享。唯其如此，物业才能在构建共建共治共享的基层社会治理体系中发挥更大作用。

④物业管理的监督管理部门的职责。

（4）教案第五部分纠纷化解路径，引导读者对物业管理领域存在的诸多矛盾和问题，如何妥善化解做全方位思考。

（5）教案最后的总结和思考，启发读者对我国物业管理的制度和形式展开发散式的思考。

4.2.4 教学内容及要点分析

案例中列举了7个典型纠纷材料的事由和法院裁判结果。每个案件的剖析详情如下：

材料1 要点分析

物业服务合同关系中的物业服务企业与小区业主，朝夕相处，关系紧密，双方均应诚实守信地履行物业服务合同，物业服务企业应当为小区业主提供优质的物业服务，业主应当及时交纳物业费用，双方协调配合，共同维护小区的安全、卫生与秩序。如果发生纠纷，也应当互相理解，互谅互让，采取实事求是的态度解决纠纷，尽快恢复小区的安宁与和谐。物业服务费是物业服务企业运营的基础，物业费的收取具有公共属性，业主不能仅凭个人感受拒绝接受服务或不予缴纳物业费，业主拒交物业费的抗辩应当限定在物业服务企业不履行物业服务合同，或者履行合同有重大瑕疵的情形。如果业主对物业服务不满意，就不交纳服务费，物业服务的质量肯定会无法维系，业主更不满意，更多的业主不交纳物业服务费，从而陷入恶性循环，最终受损害的是小区的全体业主，这也不符合业主不交纳物业服务费的初衷。从另一个方面讲，随着业主对美好生活的需求日益增长，物业公司也不应只关注收取费用，而应不断提高物业服务的质量，满足业主对小区安全、安定与美好环境的需要。如果因为提供的服务质量瑕疵，造成了业主的人身及财产损失，应当承担相应的法律责任。如果物业服务质量确实存在一定瑕疵，但尚不足以构成对物业服务协议的严重违约，根据天某物业公司的违约程度，原审兼顾了双方的利益，对天某物业公司主张的违约金数额进行调减，此种处理理念与方式，符合实际，有利于督促物业服务企业提升服务品质及双方矛盾的化解。

材料2　要点分析

物业服务收费是维系物业服务企业提供物业服务，小区正常运转的基础。物业服务收费应当遵循质价相符、公平公开、合理诚信的原则。物业服务企业应当依据合同约定提供物业服务并收取物业服务费用。收取合同约定以外的费用，缺乏合同依据，不应当支持。但是在遇到物业服务成本上涨的情况下，根据市场变化，也可以申请调整物业收费标准，但物业服务费的调整涉及广大业主利益，应当遵循正当程序原则，确需调整的，物业服务企业应当与业主委员会充分讨论协商，并经业主大会同意；没有成立业主大会的，则需经专有部分占建筑物总面积过半的业主且占总人数过半的业主同意。否则，则因调整程序不合法，不能得到法律的支持。

材料3　要点分析

居民委员会是居民自我管理、自我教育、自我服务的基层群众性自治组织。根据国务院《物业管理条例》规定，街道办事处、乡镇人民政府组织指导、协调成立业主大会，选举业主委员会，监督业主大会和业主委员依法履行职责，协调物业管理与社区建设的关系。居(村)民委员会协助街道办事处、乡镇人民政府做好物业管理的相关工作。业主大会和业主委员会应当积极配合居民委员会依法履行自治管理职责，接受居民委员会的监督与指导。且住房和城乡建设部《业主大会和业主委员会指导规则》第五十八条规定，因客观原因未能选举产生业委员会，新一届业主委员会产生之前，可以由物业所在地的居民委员会在街道办事处、乡镇人民政府的指导和监督下，代行业主委员会职责。因此，居民委员会对没有成立业主委员会的小区，在特定的情况下，可以代行业主委员会职责，对小区事务进行一定的管理，如选聘物业公司为业主提供物业服务。初衷是为小区业主提供基本的物业服务，有利于广大业主的利益。

本案例肯定了居民委员会在特殊情况下为辖区内小区临时选聘物业公司的行为的有效性，对于小区的秩序维护、和谐稳定，居民的安居乐业具有积极的意义，也是推进建立共建、共治、共享基层治理的具体实践。

材料4　要点分析

随着城市汽车保有量的增加，民众对车位的需求量上升，开发商在规划中即把小区车位规划作为重要的组成部分。但小区建成交付后，车位维护费或车位管理费的缴纳也成了物业服务企业与业主之间容易发生争议的热点问题。因此，各方在签订物业服务合同或前期物业服务合同时，更加注重了对收取车位服务费的协商约定。如果当事人在合同中明确约定了业主应当支付车位维护费，并且内容也不违反法律法规强制性规定的，就应当诚信履行合同义务。如果业主不按照约定支付车位维护费，物业服务企业起诉请求业主支付车位维护费的，应当依法予以支持。

物业服务企业的管理水平，关乎业主的居住环境和切身利益，业主依法享有选聘和解聘物业服务人的权利，但是物业服务合同实质上应当是业主群体与物业服务企业之间的合意与安排，物业服务合同的解除权利也是全体业主享有的权利，选聘与解聘物业服务企业属于业主共同决定的事项，并且还要符合法定程序。单一业主作出的解聘物业服务企业或解除物业合同的意思表示，并不直接产生解聘的法律效力。本案中，刘某以其已告知物业公司解除合同为由，主张不应支付2018年11月20日之后的车位维护费，不予支持。

材料5 要点分析

当建筑建成后，需要开始对建筑物及相关设施进行管理，且随着业主逐步入住，卫生、安保、停车等相关服务需求同步产生，因此在初期甚至开发商销售房屋的相当长一段时期内，由建设单位先行选择物业服务企业并与之签订前期物业服务合同是惯常做法。但法律对此类合同进行了一定的约束，即前期物业服务合同在约定期限届满或期限虽未满但业主委员会与其他物业服务企业签订的物业服务合同生效的，前期物业服务合同终止。

业主有权作出选聘新物业公司的决定，按法律规定要符合专有部分占建筑物总面积及业主人数占总人数"双过半"要求。如果主张未达此要求，涉及的法律问题是合同是否可撤销而非合同本身是否生效。根据《中华人民共和国民法典》的规定，对业主大会作出选聘物业服务企业的决定及业主委员会与物业服务企业签订的物业服务合同提出异议，并行使撤销权的主体是小区的业主而非提供前期物业服务企业。

物业服务企业交接在形式上表现为原企业退出物业服务区域等，但本质上是物业企业移交物业管理权。这些义务并非源于当事人合同约定，而是源于法律的规定，对该义务的理解应为法定义务。因此，物业服务合同终止后物业服务企业应当履行的后合同义务主要有退出物业服务区域、移交物业服务用房、相关设施、资料等。

材料6 要点分析

实践中，一些物业服务企业缺乏服务意识，存在公共设施维护、垃圾清理不及时、车辆乱停乱放、安保措施不利等问题，法律规定，这种情况下，业主委员会有权解除、更换物业服务企业，物业服务合同期满后，业主委员会选择与新物业服务企业签订服务协议，原物业服务企业应当在约定期限或者合理期限内退出物业服务区域，将物业服务用房、相关设施、相关资料等交还给业主委员会或者新的物业服务企业，配合新物业服务企业做好交接工作，并如实告知物业的使用和管理状况。如果原物业服务企业不予配合物业设施及资料的移交，拒不退出小区，其无权要求业主支付物业服务合同终止后的物业费；造成业主损失的，还应当赔偿损失。

本案件，依法保障了业主委员会更换不称职的物业服务公司的权利，对物业服务企业继续占用小区物业服务设施，强行收取物业费的行为进行了否定性的评价，有利于做好新旧物业服务企业的移交工作，保证物业服务的质量与连续性。

材料7 要点分析

本案集中表现出了物业纠纷案件的特点即群体性，本案起诉的业主有6名，但背后是大量潜在未起诉的业主，案件的处理具有较强的示范效应，处理不慎，就可能引发群体性矛盾纠纷；物业服务企业与业主朝夕相处，"冰冻三尺，非一日之寒"，通过审判、修复关系、重建信任，才是化解矛盾纠纷的终极目的。

本案的处理也集中体现了人民法院处理物业纠纷的工作理念与方法。合议庭接到案件后，就确立了强化调解，帮助当事人理顺情绪，解开心结，实质化解矛盾纠纷的工作思路，在正式开庭前，深入社区进行走访，现场勘察物业服务现状，与小区业主、物业企业深入沟通，准确把握双方矛盾的根源、起因和症结。在充分了解情况、查清事实的基础上，就地展开调解和普法宣讲工作，最终促成双方互相理解，互谅互让，达成了调解协议，6起纠纷及潜在的大量纠纷得以一揽子圆满解决。当事人冒雨给法官送来"人民公仆执法为民"的锦旗。该系列案件的圆满处理，既解决了长期困扰双方的物业服务质量不高、物业费收不上来等实际问题，也给小区居民上了一场生动的普法教育课，为构建"和谐社区""无讼社区"注入了强大法治力量。

4.2.5 教学安排

（1）案例通读物业管理相关政策法规学习，2个课时。
（2）物业纠纷产生原因剖析，2个课时。
（3）纠纷案件裁判总结物业公司和业主可以实现的权利维护内容，1个课时。
（4）物业管理如何提升才能有效减少物业纠纷，1个课时。
（5）案例思考题分组讨论，并制作PPT开展汇报，4个课时。

4.2.6 补充材料及其他

4.2.6.1 物业管理权的法律属性和必须坚持的3个导向

物业管理实质是一种行政管理权。这个权利不可市场化、不可让渡于私人，必须进行严格的监控，否则极易被物业公司、业委会滥用，进而成为统治、凌辱业主的工具。为此物业管理必须坚持：

（1）公权性

物业管理的公权属性要在全社会形成共识，进而围绕这个公权的善用和防止公权的滥用进行探讨解决物业管理问题。

（2）公益性

物业收费要取之于业主、用之于业主，物业管理不能成为一种盈利性行业，更不能成为暴利行业。公益性、非盈利应该成为物业管理的主流。物业管理应当采取低利润、保本型的方式进行运营，同时，积累的资金必须成为集体性质的公款，不可成为公司或个人的私财。

（3）透明性

"阳光是最好的防腐剂"，物业管理存在着暴利、黑恶、腐败的趋势和危险，必须严格监控，必须全方位、全过程公开透明。首先，财务透明，物业收取的费用、开支的情况，必须全部对全体业主公布。其次，物业管理重大决策过程及决策结果必须全部对业主公布。再次，物业管理人员聘用及薪酬情况必须向全体业主公布。

4.2.6.2 改革创新物业管理的若干建议

（1）作为一项政治任务，由基层党委政府担责，指导各小区在开发商交付之后在限定的时间内成立业委会。通过立法或法律解释，明确将业主委员会界定为基层群众性自治组织，纳入国家监察对象。业委会要有经费保障并常态化办公。如小区过小，业委会成员没有必要全部上班，可选择一个或两个人员上班，或外聘一人负责业委会日常工作。此外，业委会的日常工作可委托村（居）委会代行。可喜的是，2015年我国《中华人民共和国立法法》已修改，地方立法权扩至所有设区的市。因此，各设区的市的人大及其常委会要充分履行立法职责，通过立法或法律解释，明确将业主委员会界定为基层群众性自治组织，纳入国家监察对象，将业主的权力机关——业委会纳入国家监督的范围，防止其异化、腐败化。

（2）有一定人数规模的小区要单独成立居委会，或相邻的多小区可联合成立居委会，居委会尽可能与业主委员会合二为一。以此促进小区物业管理与社区治理相融合，既提高社区治理效能，也提高小区管理的权威性，降低小区管理成本。

（3）转变物业管理方式，突出公益性、非盈利性。物业管理若采用全包的方式，物业公司要优先选择村居、小区业委会举办的集体企业。政府要出台奖励补助办法，鼓励村居或业委会创办集体物业公司。物业管理也可探索逐项分包的方式，如分成保安、保洁、绿化、电梯维护、水电维保等，由业委会或集体物业企业面向市场择优选取。分项承包要注重发挥市场优势，切实做到物美价廉。

（4）物业收费权归业委会所有。截断物业公司直接向业主收费的权力，物业公司的所有报酬及费用开支由业委会支付。如此，既缓和物业公司与业主的对抗与矛盾，也让业委会真正有权力选聘、解聘、监督物业公司。业委会的收费方式只能限定在劝导上，对拒绝缴纳物业费的业主只能通过法律渠道申请法院强制执行。对拒绝缴纳物业费的业主不得以任何方式侵犯其住宅使用权、小区自由出入权。

（5）明确物业公司的管理手段只能是劝导，严禁物业公司以强制的手段行使管理权，严禁物业公司以任何理由侵犯业主的住宅使用权、小区出入自由权。违者，要突出运用治安处罚甚至刑事手段，追究直接责任人、指使人、物业公司负责人的责任。物业公司的管理手段只能限定在劝导上，对不服从管理的业主只能报告或申请政府有关部门依法处理。特殊或紧急情况下，如业主在装修时破坏、拆除承重柱、承重墙，物业公司可采取断电等必要和有效的措施制止，但要在第一时间报告政府有关部门处理。对不服从管理的业主不得以任何强制手段侵犯其住宅使用权、小区自由出入权。俗话说"乱世用重典"，鉴于长期以来物业管理存在的乱象，特别是物业公司霸凌物业权利、欺凌业主的现象，要突出运用治安拘留甚至刑事的手段严惩物业公司的违法行为，通过具体案例，以案释法，明确在小区物业管理中民事主体只能拥有劝导权、强制权只能归国家专有的基本原则，逐步在全社会树立树牢业主是小区主人，物业公司是业主服务者的理念。

（6）强化物业领域的政府监管和司法保障。如乡镇（街道）要成立物业管理服务中心，县区要把物业科从住建部门的内设机构升级为独立的行政部门。公安机关要专门成立物业警察;法院要专门成立物业法庭。

(7)将物业管理工作列为基层党委政府的重要职责,推行党建+物业管理的基层治理模式,并严格考核落实。物业管理是基层社会治理的一个重要组成部分,也是目前基层社会治理中矛盾最为普遍、最为集中、最为尖锐的领域。物业管理关乎千家万户,是群众福祉的一个重要组成部分,党和政府应该关心关爱。"东西南北中"党是领导的一切,住宅小区的物业管理,党应该是"主心骨",要有党组织的声音和党组织引领的作用。建议每个小区要成立党支部,支部领导业委会,业委会成为全心全意为业主服务的自治组织。长期以来,国家在探讨扶贫、乡村振兴、基层社会治理等方面,采取驻村第一书记的模式。笔者认为,物业管理是当前社会普遍关注的焦点、难点问题,也是广大群众感受最为深刻的痛点问题,国家应该参照驻村第一书记的做法,向一些矛盾比较尖锐的小区派出第一书记常驻小区,专门解决小区物业管理问题。

(8)大力发展物业慈善事业,积极开展美丽小区公益建设和物业扶贫工作。物业管理服务的标准要注重体现基础性、保障性即可,这样物业收费方可低廉,方可照顾到中低收入业主的承受能力。高标准小区物业管理服务和美丽小区建设要注重依靠小区慈善事业,引导有能力的业主本着自愿的原则多为小区出钱出力。对贫困业主要开展物业扶贫工作,如由业委会研究予以减少或免除物业费用的收取,如发动业主捐款帮助贫困业主缴纳物业费用等。

(9)对物业管理事项建立"两公开一透明"制度,接受全体业主监督。物业管理的权限和服务内容公开、收费项目和收费标准公开,物业公司和业委会的财务收支具体项目完全公开透明。

(10)持之以恒加强监管,同时坚持露头就打,严厉打击物业管理的黑恶行为和物业领域的腐败行为。要将整治物业管理领域黑恶行为列为各级扫黑除恶常态工作的重点内容之一,同时严厉惩处党政干部参股物业公司、参与物业管理盈利的行为和充当黑恶物业公司保护伞的行为。对业委会及其成员也要加强监管,坚持零容忍,严厉打击业委会及成员的腐败行为和涉黑涉恶行为。

(11)深入调研,大幅修改,尽快完善物业管理法律法规。各级立法机关要针对物业管理领域存在的种种问题,深入调研,广泛征求社会各界特别是业主的意见,充分运用"改、废、立"等方式,推动物业管理领域的立法完善工作。各级政府、各级部门要立足本地区具体情况、本部门义务职责制定具体的规定、办法、实施细则,破解物业管理领域的突出问题。

参考文献

黄安心,2004. 公共管理:物业管理的根本属性[J]. 广州广播电视大学学报(03):27-32.

张鸣春,2021. 探寻城市社区物业管理的发展之道:研究综述与未来展望[J]. 复旦城市治理评论(01):3-39.

徐丹红,2021. 多中心治理体系下的物业管理行业研究[J]. 中国商论(9):158-160.

思考题

1. 简述物业管理公司不作为，业主自治能否替代物业公司。
2. 简述物业服务存在如此多的瑕疵和槽点，如何对它进行有效监管。
3. 简述在物业管理过程中，业主应该如何更好地履行义务和权利。
4. 简述在物业管理过程中，管理方行使的是公权利还是私权利。
5. 简述理顺物业管理关系，提高基层治理效果的好建议。

案例5

地方治理如何防止失效
——基于云南"孟连事件"的回顾与思考

（刘会柏）

摘要： 云南"孟连事件"是21世纪地方治理场域比较典型的群体性事件。长期以来，当地胶农们与橡胶企业间存在着利益纠纷，且一直没有得到彻底化解，加之，有些基层干部又明显偏袒橡胶公司，从而使得广大胶农对基层党委和政府的怨恨滋长，最终导致2008年7月19日发生了警民激烈冲突。事件的善后处理，利益矛盾的根本化解，政民鱼水关系的复归，又充分体现了社会主义制度优势和高强治理效能。因而，从利益关系、干群矛盾、政治管理、政治参与、政府公信力以及政府公共服务等诸多维度审视，该事件对当前思考和探索地方治理如何防止失效具有重要的借鉴和启示价值。

关键词： "孟连事件"　利益关系　地方治理　善政

5.1 案例正文

引　言

2008年发生的云南"孟连事件"至今虽然已有十余年，但其代表性特别是冲突性等因素，使得它所引发的反思与借鉴在当代中国公共管理理论与实践领域具有重要的价值和意义。回顾和分析这一事件的本质、内部联系、冲突演变等全过程，对于加强新时代国家治理体系和治理能力现代化建设无疑具有深刻的启示作用。

5.1.1 孟连县经济社会发展简况

孟连傣族拉祜族佤族自治县，地处云南省西南部，是云南省普洱市下辖的9个少数民族自治县之一。孟连，系傣语谐音，意为"寻找到的一个好地方"，素有"边地绿宝石""龙血树故乡"的美誉。全县面积1893.42km^2，辖2乡（公信乡、景信乡）4镇（娜允镇、勐马镇、芒信镇、富岩镇）、39个村委会、6个居委会、618个村民小组，常住人口14.47万人。孟连是全省25个边境县之一，县域内主要居住有傣族、拉祜族、佤族、哈尼族等多个世居少数民族，是我国西南边疆的多民族聚居区。

改革开放以来，包括孟连在内的我国边疆民族地区经济社会得到了空前发展。2000年以来，孟连县经济社会持续发展，全县综合经济实力大幅提升。2007年，孟连县全年实现生产总值 73 261 万元，全县实现人均生产总值 5430 元，城镇居民人均可支配收入达到 7195 元，农民人均纯收入达到 1588 元。在当地快速的经济发展中，农业产业的支撑作用十分明显。2007 年，孟连全县橡胶、甘蔗、茶叶三大支柱农业产业实现增加值 20 886 万元，农业支柱产业带动全县农民增收共 15 872 万元，人均增收 1727 元。2021 年橡胶面积 301 905 亩，比上年增加 900 亩，增长 0.3%，其中：开割面积 266 805 亩，比上年增加 5385 亩，增长 2.1%；干胶产量 25 360t，比上年增加 340t，增长 1.4%。2021 年实现县内生产总值 56.98 亿元，第一产业对经济增长贡献率达 31%。

5.1.2 "孟连事件"起因

从参与人数、冲突剧烈程度、造成的影响等方面来看，发生在 2008 年 7 月 19 日的云南"孟连事件"，可谓是 21 世纪以来农村社会治理领域发生的群体性事件的标本性事件。这一发生在少数民族聚居区的群体性事件虽然具有一定的特殊性，但它集中反映了社会转型时期农村社会治理领域的各种矛盾冲突，具有重要的研究价值。从表面上看，事件爆发的直接导火索是由于当地政府在应对突发情况时处置不当、滥用警力，从而致使警民矛盾突然激化而造成的警民双方激烈冲突、官民之间对立的事件。实际上透过警民冲突进行观察，事件的背后原因是当地胶农与橡胶企业长期的经济利益纠纷未能得到彻底化解。

孟连县由于具有发展橡胶种植产业的优越自然环境条件。截至 2008 年，孟连共有橡胶面积 25.18 万亩，橡胶产业已成为当地的支柱产业。其中，勐马、公信等 3 个橡胶企业是当地的龙头企业，仅 3 家的橡胶种植面积就高达 19.9 万亩。20 世纪 80 年代以来，孟连县的橡胶企业经历了乡镇企业改革和股份制改革。但是改革不彻底，产权不清，管理混乱已经不是一朝一夕的问题。"公司-基地-农户"模式要求胶农按协议价格把胶乳卖给橡胶公司，2005 年以来，橡胶价格大幅上涨，从每吨几千元上涨到 2.5 万元以上，然而公司并不打算调整收购价格，价格飞涨和农特税取消带来的福利被公司独享，胶农不满情绪日渐高涨。胶农多次试图与公司协商重新划分利益分配格局最终都由于"警力出动劝阻"以无果而告终，无奈之下便开始有组织地自行出售橡胶给其他收购者。于是，橡胶公司与胶农之间分歧、矛盾和冲突更加凸显。

而在处理双方间利益纠纷时，有些基层党政干部明显偏袒橡胶公司，有些干部政治意识淡薄，行政不作为比较突出。这就导致胶农对基层执政者不信任心理和情绪愈演愈烈。据时任县教育局副局长赵承友事后回忆，"孟连事件"发生前他作为工作组成员下到村寨，当在某个村民小组开会时，进来了一个喝酒闹事的胶农，这时，赵承友的同事便批评了他几句，没想到该胶农居然扬言要杀掉那个工作队员。一天晚上，赵承友正在住地门前等待同事归来，突然眼前窜出一个提着斧头的人盯着他打量，他从惊吓中回过神，听见对方说了一句"不是这个"后就匆匆地走开了，原来是那天闯进会场的那个胶农找他的同事寻仇来了！这情形硬是把赵承友吓出了一身冷汗，也使他意识到了情况的危险。赵承友事后说道，从这件事足以反映出当时那个形势下胶农与干部之间水火不相容的对抗和对立关系。也正如当时云南省委副书记李纪恒在事件发生后所指出的，冰冻三尺，非一日之寒！胶农利益诉求长期得不到解决，胶农长期以来对橡胶公司的积怨渐深进而转化为对基层干部、基层党委政府的怨恨，最终集中爆发引起冲突。

5.1.3 "孟连事件"过程

2008年春夏，孟连县一些乡镇的胶农围攻并打砸橡胶公司，甚至围攻、殴打县乡工作组人员，打砸公私财物等事件频繁发生，致使当地橡胶公司不能正常运转，县乡基层政权正常工作受到干扰，一定程度上影响了当地社会治安的稳定。孟连县委、县政府简单地认为，这是当地农村黑恶势力在主导、作怪。6月14日，普洱市公安局向云南省公安厅书面请示要求跨县调动400名警力到孟连支援开展打击行动，云南省政法委、公安厅明确否定了调警请求。7月2日，普洱市委仍然做出了对孟连县辖区内农村黑恶势力进行打击的决定。7月11日，普洱市公安局跨县调动的警力向孟连集结。7月15日，孟连县人民法院、检察院、公安局发布《关于限令违法犯罪人员投案自首的通告》，限令"组织煽动群众聚众扰乱社会秩序"等人员于2008年7月15日起10日内投案自首。2008年7月19日凌晨4时，孟连县动用175名警察前往勐马镇勐阿村，依法对涉嫌聚众扰乱社会秩序罪、故意伤害罪的5名犯罪嫌疑人进行强制传唤。6时，勐阿村5位胶农在睡梦中被警察强行带走。8时，勐阿村数百村民手持器械冲击正在孟连农场制胶厂路口执行警戒任务的警察。在对空鸣枪警告无效的情况下，警察使用防暴枪自卫，两村民被击中死亡。当天参与围攻警察的村民达700余人。这起事件共造成两名村民死亡，17名村民、41名警察、3名干部受伤，9辆执行任务的汽车被砸坏，102件警械被毁坏或丢失。

5.1.4 "孟连事件"应对

"孟连事件"发生后，中央和云南省委、省政府要求立即采取有力措施平息事态。云南省委、省政府作出工作指示：要求积极救治事件中的伤员，安抚事件中死者的家属，并防止事态的恶化；同时，要求派出的工作组和当地政府要认真听取当地群众的诉求，正确处理好当地群众的利益关系，尽快查明事件原因，并及时公布事件的事实真相。根据省委、省政府指示和要求，工作组深入事件发生地进行事件处置的指导工作，指导当地政府做好事件的善后工作和伤员的治疗工作，疏导和稳定当地群众情绪，并与胶农展开了直接的协商对话，听取胶农在与当地橡胶企业经济利益纠纷问题上的意见和诉求。经过工作组和当地政府的多日连续工作，事件中的受伤人员均已得到救治，死者遗体在家属同意下进行了火化，孟连县当地群众的情绪基本趋于稳定。

对当地胶农与橡胶企业的利益调整被放在了事件后续处理工作的首位。云南省和普洱市迅速相继成立了孟连县橡胶产业利益调整工作指导小组和领导小组，并邀请公信乡和勐马镇的部分群众加入领导小组成员中。小组成立后，随即开始着手测算当地胶林面积、年龄等工作，并进行调查研究制定橡胶产业利益调整方案。在充分民主、正确集中基础上，一个比较符合广大胶农根本利益的方案得以及时出台、顺利实施，长期困扰当地胶农与橡胶企业的利益纠纷问题最终得到了化解。

5.1.5 "孟连事件"后的治理叙事

事件发生后,公平公正、民主合理的橡胶产权改革与利益分配方案(以下简称改革方案)的出台,以及民众心理的抚慰、社会秩序的恢复、党风政风的重塑、合法性基础的重建等诸多难题,成了地方治理的当务之急。

"孟连事件"之后,基层政府的公信力急剧下降,一些胶农说:"我们不想轻易原谅他们(政府和公司),他们以前把我们害得太惨啦!"为尽快缓解官民间的紧张关系,政府派出工作组深入群众,反复运用言语沟通、情感付出、利益赋予以及协商共识等调解手段化解矛盾。如某工作队员接近并说服胶农代表 A 的过程很典型:

"A 见了我张口就骂,等他骂累了我就拉着他去江边拿鱼散心,还带他到邦康(缅甸仇邦首府,与勐阿村隔南卡江相望)找朋友喝酒玩。这样过了好几天,A 心情也好啦。我们再喝酒谈心,我试探着和他说橡胶改革的事,他没生气,还带我到几个骨干和会计家,让我把方案讲给他们,大家一起商量。后来他们带头签了字,工作迅速推进开来。"

另外,工作组切实沉入人民群众的生产、社会交往具体过程,了解和把握利益内容,找准切入点。工作组通过为胶农争取水泥、石棉瓦、低保等各种经济利益,与胶农建立了一种"利益粘连"关系,在帮助生活困难胶农解决生产生活难题的同时,使官民关系日渐融洽。至 2010 年年底,涉及"孟连事件"的橡胶产权改革与利益分配工作基本结束。为进一步促进地方经济发展,政府借鉴橡胶产业改革经验,对整个孟连县的茶叶、咖啡、甘蔗、香蕉等具有类似经济利益纠纷的产业进行了全面改革。全县各项经济指标快速增长,少数民族群众收入水平明显提高。

"孟连事件"涉及的橡胶产业改革成功后,孟连的地方经济快速发展,相比之下,政府在基础设施、公益事业、社会保障等公共服务上的欠账却日益突出。这在一定程度上无疑制约了政府公信力的重塑。为此,地方政府加强了农村公共服务供给。2010 年前后,"孟连事件"发生地勐阿村各小组相继盖起了卫生公厕、会议室,并清理了沟渠、修整了寨门,铺上了硬化路、建盖了集贸市场等。村寨卫生条件、村容村貌的改善,提升了胶农的生活质量。同时,政府加大了对乡村教育、卫生、文化、社会保障等公益事业的投入力度,并有效运用法治力量,严厉打击非法越境、走私、吸毒、盗窃等治安或违法犯罪问题,持续整治赌、毒等不良社会风气,社会秩序越来越好。在事件发生后不到两年的时间,村民们的利益实现感、获得感、满足感、幸福感,以及对基层政府和伟大共产党的信任感、归属感、亲切感便普遍与日俱增。

结束语

"孟连事件"作为比较典型的农村群体性事件(农民群体性政治参与事件),对基层政治稳定、社会和谐、民族团结、边疆安全造成了破坏性影响。事件发生后,公共治理所施行的及时矫正、补救、安抚和修复,总体是比较成功的。因此,回顾整个事件来龙去脉,总结经验教训,对于人民内部利益矛盾化解、党和政府长期执政、国家长治久安、社会井然有序。

材料1　云南以"孟连事件"为案例　反思教训和群众工作

新华社昆明9月9日电(记者伍皓、关桂峰)

"有的干部习惯于浮在机关，热衷于迎来送往，忙碌于文山会海，深入群众少，对老百姓的事总是躲、推、拖。"云南省委副书记李纪恒8日在云南省"做好新形势下群众工作研讨班"上说，"一些基层干部甚至把'为人民服务'的宗旨异化，变成了'为老板服务'。这种淡漠群众利益、只为既得利益'护法'的事再也做不得了"。

7月19日，云南省普洱市孟连傣族拉祜族佤族自治县发生一起警民冲突事件，造成2名村民死亡，41名民警、3名干部、17名村民受伤，9辆执勤警车被砸坏。云南省委决定，以孟连县"7·19"事件为案例，举办全省厅级领导干部和县级党政主要负责人专题研讨班，认真反思"孟连事件"的深刻教训，举一反三，探讨研究做好新形势下群众工作的新理念、新方法。全省各州市"四套班子"、省直机关各部委办厅局等方面负责人参加了8日开班的首期研讨。

云南省委、省政府调查发现，孟连县部分胶农与橡胶企业之间长期以来存在着错综复杂的经济利益纠纷。个别县乡干部与企业打得火热，有的坐着企业提供的豪华越野车，有的在企业入股分红。为给企业"保驾护航"，县委甚至将一橡胶企业老板的儿子安排到企业所在乡镇担任主要领导，导致胶农对基层党委、政府失去信任。

"我国正处在体制转轨和社会转型的关键时期，城乡之间、不同地区之间、不同群体和阶层之间以利益为核心内容的矛盾错综复杂。"李纪恒指出，"很多群体性事件，都是不能够妥善协调和处理好各方面的利益关系导致的。在协调各种利益关系时，一些党员干部往往摆不正位置，没有站在大多数群众的利益一边，不能做群众的主心骨、代言人，屁股很容易坐到比群众强势的既得利益群体一边"。

"现在交通工具发达了，领导干部与人民群众的心理距离却疏远了；通信工具先进了，领导干部与人民群众的交流沟通却困难了；领导干部的文化、学历提高了，但做群众工作的水平反而降低了。"李纪恒说，"这一现象值得深思"。

材料2　从瓮安到孟连，如何化解民怨

胡印斌《中国青年报》(2011年10月27日02版)

三年过去，贵州省瓮安县已走出当年"6·28"群体性事件的阴影。瓮安"痛定思痛浴火重生"，化"民怨"为"民愿"，经济社会发生了很大改观，群众安全感为96.95%，全省排名第三、全州第一。同样，曾发生过"7·19"群体性突发事件的云南孟连，如今群众生活改善，干部群众鱼水相依。(新华社10月22日、23日)

上述景象确实令人大感欣慰。从瓮安到孟连，穿越群体性事件的危如累卵和层层雾障，或可发现基层政府在理政思路上发生的积极变化。所谓"痛定思痛"，首先应该知道这诸多乱象到底"痛"在何处、"痛"的程度；而之所以能够"浴火重生"，也应该有一些成功经验，可为其他地方借鉴。

瓮安、孟连之痛，具体情形可能有些差异，但隐藏在群体性事件背后的现实，却同

样坚硬。数据显示，从 2000 年到 2007 年，瓮安县 GDP 翻了近一番，财政收入增长了 2.4 倍，然而，同期公共建设投入偏低，民生欠账越来越多；干部作风问题突出，干群关系比较紧张；治安状况严重恶化，警民矛盾日益凸显……在孟连，这种坚硬则体现在胶农与橡胶企业在利益分配上的不均衡、不公平，当地以政府为主导的"公司+基地+农户"模式，使得胶农利益严重受损。

尤其严重的是，瓮安、孟连两地政府对于民众的不满一度视而不见，长期缺乏积极回应，甚至动用警察压制民众主张自己的权利。这就将原本可以通过政府积极斡旋、妥善处置的事情，演变为政府与民众的严重对立、警察与民众的直接冲突。记得瓮安事发后，时任贵州省委书记的石宗源强调，不能用人民民主专政的手段来对待人民群众。

有鉴于此，认识到"痛"处的瓮安和孟连，无论是从理政思路，还是从操作细节上都主动积极，一切以民众利益为依归，当然也就重新赢得了民众的信任。以瓮安为例，一方面，政府加大民生投入，拿出 3600 万元解决 1400 多名下岗职工的生计问题，投入 1.4 亿元缓解教育资源紧张状况，三年来公共财政投入民生数额翻了近一番，达到 2010 年的 8.9 亿元；另一方面，积极开展大走访活动、打黑除恶行动，一批黑势力团伙和保护伞被打掉。这些做法化解民怨、赋民以权，均取得了意想不到的良好效果。

云南孟连也抓住群众反响最为强烈的橡胶产业产权不清、利益不均这个核心矛盾，推进橡胶产业产权改革，下大气力把倾斜的利益格局调整过来，有效维护了群众利益。

其实，民众对于政府的要求很简单，政府为民众所做的每一件好事，民众都会深深铭记在心。基层政府干群关系的优劣，主导一方往往在干部，民众对于政府的怨气，很大程度上也是由于政府处事不公，或长久漠视民众基本权益。只要政府真正把民众的利益放在第一位，及时、真诚地倾听民意、疏导民怨、服务民众，而不是死死抱着"牧民"甚至"残民"的心态，肆意打压、无视民众诉求，又怎么可能发生瓮安事件、孟连事件那样的群体性事件？

从瓮安到孟连，两地由乱而治的轨迹昭示人们，政府只有真诚地对待民众，与民众共享现代化的成果，才能赢得民心，这个社会也才是真正和谐的社会。

材料 3　云南省委副书记的"恶语"能敲醒多少官员

林伟

云南孟连"胶农事件"发生后，沉痛教训引起当地干部深刻反省。云南省委副书记李纪恒严厉警告官员："说话没人听，干事没人跟，群众拿刀砍，干部当到这份儿上，不如跳河算了！"(7 月 28 日《瞭望新闻周刊》)

笔者注意到，网民对李纪恒直陈"说话没人听，干事没人跟，群众拿刀砍"的客观实情，并怒斥某些官员"干部当到这份儿上，不如跳河算了！"的说法特别关注，点击率之高令人惊喜。"干部当到这份儿上，不如跳河算了！"这是一句老百姓的大实话，也是一句气话，很直率、很坦白、很实在，所以，不仅"引起了在场官员的强烈共鸣"，也引起了广大群众的共鸣。

当然，李纪恒此言的本意并不会要这些干部真去跳河，无非是想给那些在其位不谋其政，饱食终日，无所作为的官员敲响警钟。但是，有些官员可能会感到不中听，甚至有些刺耳，认为李纪恒的嘴太"黑"了，不留情面，"恶语伤人"。然而，细想想，此言却直击了当前一些干群关系不良的社会要脉，正如李纪恒所说的，"必须引起我们当政者的深刻反思，必须引起各级官员铭心刻骨、灵魂深处的反省"。

从报道中我们获知，"孟连"在傣语中意为"寻找到的一个好地方"，而傣民迁移至此已有1300多年历史。新中国成立之初，因当地发展极端落后被划为"少数民族直过区"，即从原始社会末期或奴隶社会直接过渡到社会主义社会。新中国成立以来，孟连各民族兄弟的生活水平发生了翻天覆地的变化，跨进了一个崭新的时代。应该说："老百姓对党和政府充满感恩之情，那是真真切切、毫不夸张的说法。而傣族群众拿起刀斧棍棒，与政府对抗，这更是千百年来从未有过的事情。"

那么，是什么原因让素来善良温和的胶农，不但不听干部的话，还以刀斧棍棒相向，与执法者对搏呢？李纪恒的话一语中的，胶农利益诉求长期得不到解决，增收致富的美好愿望被一些坏人利用，导致胶农长期以来对橡胶公司的积怨逐步转化为对基层干部、基层党委政府的积怨，最终爆发引起冲突。面对如此恶劣的干群关系场景，"干部当到这份上"，难道说不该羞愧地去"跳河"吗？

可见，李纪恒的"恶语"，振聋发聩，引人深思。我们党的根基在人民、血脉在人民、力量在人民。无数事实表明，把各项决策和工作建立在了解、顺应、符合群众愿望和要求的基础之上，我们的事业就能顺利发展；无视、偏离、违背群众的愿望和要求，我们的事业就会遭受挫折。"水能载舟，亦能覆舟"，说的就是这个道理。但是，现实中又有多少官员能够真正懂得、理解、践行这个道理呢？

所以，李纪恒的"恶语"，不仅对孟连的当地干部"管用"，对所有的官员都"管用"。要想不"跳河"，那就抓紧想一想：胡锦涛总书记一再告诫各级官员，要"情为民所系，权为民所用，利为民所谋"。那么，我们的"情"系何处？"权"用何处？"利"谋何处？在自己的"一亩三分地"有没有无视民意、违背民意、挫伤民意的苗头和现象。只有把这些问题解决好了，人民群众才会像当年支持红军、八路军一样支持我们的工作和事业。

材料4 ［焦点访谈］从"孟连事件"到"孟连经验"

地处西南边陲的云南省普洱市孟连县，是傣族拉祜族佤族聚居区。橡胶业是这里的主要产业。2008年，因为胶农和企业的利益纠纷，在孟连县发生了震动全国的"7·19"事件，致使干群关系、警民关系严重对立。如今，3年过去了，这里的情况怎么样了呢？

(1) 一场冲突使干群关系跌至"冰点"

记者来到孟连的时候，正赶上孟连县勐马镇党委副书记岩依要去勐阿村办事。原来，前两天，他接到该村芒丙村民小组的电话，说村里想修桥，村民想买车但是由于桥太窄了不能通过，所以要把桥拓宽到5~6m，希望他能过去商量一下。

岩依到达村里后，和村干部一起察看桥，因为修桥需要的资金较多，又涉及几个部门，他答应村民，等回到县里就去帮村里争取资金。这件事暂告段落后，他又去了几户村民家。看看有没有什么其他的困难需要解决。村民们告诉记者，他们和岩依认识有好几年了，家里遇到什么困难，都会随时给他打电话，找他帮忙。他们觉得岩依是他们的好兄弟，是诚心诚意地帮助他们，他们很欢迎他。

受到村民的"欢迎"，对于岩依和孟连县的干部来说，并不容易。

孟连是个农业县，这里的不少群众长期以来靠种植橡胶为生。2008年7月19日，因为和橡胶公司的利益纠纷长期得不到解决，胶农认为当地政府处理不当，和警察发生了严重冲突，造成人员伤亡，干群关系、警民关系因此跌到了"冰点"。

一场原本是胶农和企业之间的利益纠纷，为什么会上升到村民和政府、警察之间的矛盾冲突呢？

云南省孟连傣族拉祜族佤族自治县县委书记吴朝武认为，是当时没有及时解决好群众最关注的利益诉求问题，是群众工作出了问题。

（2）入村蹲点　沟通感情　为做好群众工作打下基础

既然认识到了产生问题的原因，那么究竟该如何解决呢？

"7·19"事件后，孟连县派出了1000多名干部组成工作队，下到群众意见最大的20个村组，两年多时间里，他们和村民同吃同住同劳动。

县畜牧局干部李自祥蹲点的地方是勐阿村芒岗村民小组，当他来到村民岩糯交家里时，等待他的是冷淡和抵触。

当时岩糯交正在打谷子，跟他说话也不搭理，于是李自祥就主动地和他一起打谷子。在大太阳天底下，一干就是一两个小时。就这样，李自祥一连帮岩糯交打了三天谷子，可是岩糯交依然没有跟他说一句话。过了两天，岩糯交要犁田了，李自祥又主动去帮忙。终于在犁了两天田后，岩糯交开口了。而李自祥在勐阿村芒岗村一扎就是8个多月。

（3）切实解决橡胶产权纠纷　把群众利益落到实处

要想真正顺干群关系，和村民沟通感情仅仅是第一步，最重要的还是要为大家办好实事，他们首先从多年来引发矛盾的焦点也是村民最关注的橡胶产权纠纷入手。

孟连县发展生物产业办公室主任罗朔春介绍，他们主要是按照分林权、清地权、选模式、发证书这4个步骤，为农企双方搭建平台做裁判，引导组织农企双方，按照各自的投入进行测算。

这次改革不仅明晰了几十年纠缠不清的橡胶产权，也最大程度上维护了村民的利益。最终经过改革以后，由胶农购买了全部企业的胶树产权，这样在拥有了全部的产权之后，胶乳的收购也全部市场化，胶农的收入也大大增加了。

吴朝武书记给记者算了一笔账，2010年末，胶农群众的收入比2008年事件发生之前增长了5.6倍，事件的矛盾核心区——勐阿村芒丙村民小组很多胶农的收入增加到10多倍。

两年多来，孟连县党员干部为村民办了两千多件实事。在和干部的朝夕相处中，村民对他们的态度也在悄悄改变。李自祥说，如今他们到村民家里，他们都会主动倒茶、倒水、摆水果，很是热情。

就这样，干部用自己的真心，一点点化解矛盾，重新赢得了村民的信任。同时，为了和谐警民关系，孟连县公安局也在全县开展了为期三年的大走访，并在勐阿村设立了警民联系点。在这里，记者看到了孟连县公安局勐阿警民联系点副所长岩弄嫩记录的满满5本走访日记，里面记载了他从2009年7月6日联系点成立以来，每天的走访情况。

岩弄嫩说，就是要从一些小事情做起，来为群众服务。让他们知道，公安机关就是为老百姓保驾护航的。

(4) 群众工作制度化　坚持执政为民理念

如今，常驻村组的工作队员虽然陆续回到了原来的工作岗位，但是他们和村民的联系并没有断，在基层摸索总结出来的一线工作法、七步工作法、为民服务五项制度等方式方法，已经被作为长效机制在孟连县固定了下来。

吴朝武书记说，干部和群众之间的联系，实行了双向的全覆盖，全县的每个村民小组、每个村寨都找得到自己的民情联系单位和责任人。要从制度层面上，来保证干部职工要带着感情深入做好群众工作。

中央维稳办副主任夏诚华认为，从"孟连事件"到"孟连经验"最大的启示是，在新的历史时期下，群众工作群众路线这个光荣传统一点都不能丢。孟连正是在最困难的时候，通过做好群众工作，带领全县人民走出了发展稳定的困境，这一点它在其他的地方同样适用。

3年来，孟连县发生了很大的变化：干群关系变得融洽了，农企关系慢慢理顺了，百姓日子越来越富裕了，从孟连事件到孟连经验，说明坚持执政为民的理念，把群众的利益放在首位，是新形势下群众工作的核心，也是经济发展、社会稳定的保障。

5.2　案例说明书

5.2.1　课前准备

(1) 按照5~7人一组分组，课前给每组准备两张A4纸，用于书写小组讨论意见，讨论意见逐条分行横列。

(2) 准备若干只白板笔，发给每组一只用于书写。

(3) 准备胶带纸或者双面胶若干，用于将写好答案的白报纸贴在黑板上。

5.2.2　适用对象

本案例是为MPA学生学习设计的，主要适用于公共管理学、政治学、行政管理学课程的学习。也适合接受政治学理论、公共管理、行政管理等专业系统训练的研究生、本科生以及从事基层政治实践的工作人员阅读参考、学习使用。

5.2.3 教学目标

本案例主要有3个教学目标：

(1) 了解案例的来龙去脉，发现事件中的各个利益方，厘清不同利益之间相互关系，讨论胶农与橡胶企业之间的利益矛盾、共同利益，讨论事件中政治管理主体把握、处理并解决利益矛盾的变化过程、前后区别、实践逻辑，同时引申到探讨新时代社会主义中国良好政治管理的应然要求。

(2) 讨论胶农为什么会从制度化参与发展到非制度化参与，进而理解和把握群体性非制度化政治参与概念的内涵和外延，分析群体性非制度化政治参与的危害，探讨防范群体性非制度化政治参与、避免地方治理失效的对策措施。

(3) 从政府公关危机管理的视角讨论案例本身所带来的教训与启示，引出政府公信力这个话题，进而思考群体性事件与政府公信力的逻辑关系，思考提升政府公信力、避免地方治理失效的对策措施；讨论构建服务型政府的重大必要性，以及善政之服务型政府的应然要求，进而思考构建地方服务型政府、避免地方治理失效的对策措施。

5.2.4 要点分析

(1) 利益纠纷

孟连事件的实质乃胶农与橡胶公司纠葛已久的利益纠纷。长期以来，作为公共服务供给者的地方政府没有及时有效解决群众的合理利益诉求，导致胶农对橡胶公司积怨日深；在胶农与橡胶公司的利益矛盾纠纷问题上，地方政府带有倾向性的介入，更使得胶农的怨气不断增长，从而把对企业的不满转嫁到对地方政府的不满，最后导致了暴力冲突事件的发生。

地方政府有倾向性的介入即偏袒橡胶公司，有着深厚的政治、经济原因。事件中，地方官员出于地方利益的考虑(主要基于税收和就业的考虑)，决策过程及方案过多地倾向于企业。地方官员的考核指挥棒也决定了地方官员容易倾向于对经济指标的热衷和偏爱，对经济效益的追求往往大大地超过对社会效益目标的实现和维护。由于政治权力制约的缺乏、漏洞，个别地方官员出于"理性经济人"自身利益的考虑，往往大兴寻租风气，个体腐败、圈子腐败、组织腐败容易发生勾连乃至难分难解，这样，在地方利益、个人利益、圈子利益、组织利益、部门利益的驱动下，个别领导干部"人民为中心"的宗旨意识容易淡薄、虚化，地方执政主体易于在决策和施政过程给予企业更多关照。

此外，市场经济的良性发展讲究的是平等竞争，而一旦任由不平等肆虐发生发展，就容易出现市场主体的纠纷矛盾乃至暴力冲突。在信息不对称博弈情形下，农户受自身因素的制约，在交易过程中往往处于劣势地位，缺乏主动议价权利，被动地接受企业给予的价格，这就形成了企业和农户在博弈中的力量不对等。同时由于企业和农户的利益联结机制不紧密，当达到一定的利益不平等临界点，农户会为了自身利益要求，采取单方面的行动，撕毁先前的契约，根据市场价格，把产品卖给出价高者。可见，企业和农户利益联结机制的不紧密，也给孟连事件的发生埋下了深刻的伏笔。

所谓利益就是基于一定生产基础上获得了社会内容和特性的需要。事件中，胶农、橡胶企业、地方官员、警察就是不同的利益主体，不同的利益主体之间的相互关系中，有社会主义公有制前提和基础上的共同利益，也有因利益实现具体内容、方式、目标取向的差别而产生利益矛盾。胶农与橡胶企业之间，本属于横向利益矛盾，但由于地方执政者并未敏锐地洞察到这个横向利益矛盾的"共同利益属性"，也就没有践行好这个利益共同体中共同利益的"非市场实现性"，即本应该通过合法性强制公共权力来有效化解胶农与橡胶企业之间利益矛盾、实现辖区最广大人民群众最大化利益的角色、职能，没有在正确的时机条件下发挥出来，以至于把"横向利益矛盾"引致为群众与地方党委政府之间的"纵向利益矛盾"，最终酿成了群体性暴力冲突事件。事件发生后，在上级党委政府执政资源的有效作用下，由于妥妥抓住"横向利益矛盾"这个源头和根本，辖区内"政治稳定""经济社会发展""善政"之"共同利益"得以维护和实现。因此，新时代广阔乡村社会的地方治理，必须深刻洞察和准确把握辖区内局部的、各层次的"横向利益矛盾"之"共同利益"属性、特征、内容，在"纵向利益矛盾"出现之前、端倪之初，多元治理主体就应充分运用民主、协商、对话的方式以及法治、德治、自治融合等途径来解决好利益矛盾。唯此，才能有效避免出现行政有效、治理失效的局面，使社会治理成效更多、更公平地惠及全体人民。

（2）政治参与

所谓政治参与（political participation），是指普通公民通过各种方式介入政治过程，直接或间接影响同政府活动相关的公共政治生活的活动，是以公民为主体的政治行为。根据是否符合现行制度、体制规定，可以区分为制度化参与和非制度化参与。制度化参与除了强调参与行为必须符合法律规范之外，同时也强调必须符合法律、制度规定的有关程序和步骤。所谓非制度化政治参与是指公民采取不符合国家宪法、法律、规章等所规定的制度和程序而进行的影响公共政治生活的活动过程。它是突破现存制度规范的行为，也是在社会正常参与渠道之外发生的活动，很容易对现存政治秩序构成破坏或威胁。一般来说，如果组织化（群体性）的参与是以非制度化的形式进行的话，那它就会具有更大的破坏力，即给政府的稳定也就是政治合法性秩序带来很大的麻烦，甚至会使政府垮台、体系瓦解。这是任何一个政府和体系不愿看到的。因此，区分政治参与的制度化和非制度化，可以认识一个政治体系政治制度化的程度，政治参与的制度化无疑已成为分析和衡量政治现代化的一个重要指标。

中国式现代化无疑是制度文明、物质文明和精神文明协调高质量发展的现代化。在以中国式现代化全面推进中华民族伟大复兴的过程中，如何使政治秩序逐步完善制度、依据制度来有序运作，无疑是一个常新的理论与实践课题。从2002年孟连县橡胶企业的股份制改革、2003年云南省免征农特税的受益被橡胶企业私自占有、2005年以后世界和我国国内橡胶价格的持续大幅上涨，一直到2008年孟连事件前，在孟连当地胶农与橡胶企业长期的利益纠葛中，普遍地存在着胶农的利益诉求被忽视或未得到有效回应的现象。这样，胶农们在制度内的政治参与不断失效的情况下，最终引发了政治参与危机，即寻求了制度外的政治参与形式，来表达自身利益诉求。因此，在中国式现代化的地方治理中，民众日趋多元化、复杂化、外显化的利益需要，必然对执政主体和公共政治生活提出更多、更新、更高的要求，这也就实际上扩大了整个社会的政治参与。在一个具体的场域中，如果人们政治参与的渠道是畅通的，人们便能够通过现有的政治参与渠道将利益诉求进行表达，从而得到回应、整合、解决，那么政治的局面是可以保持继续稳定的，即"行政有效、治理有效"。但如果现有的政治参与制度化渠道不能满足某些利益群体多元化差异化的利益诉求，则容易导致"行政有效、治理无效"，而一旦这种非制度化参与在范围和程度上冲破了整个政治体系合法性危机的临界点，就会演变为政治动乱，出现"行政无效、治理无效"的困局、死局，最终政权坍塌、政治体系瓦解。

当前，世界百年变局和世纪疫情叠加，全球发展和安全形势错综复杂，国内改革发展稳定任务之重、矛盾风险挑战之多、治国理政考验之大都前所未有，在加强国家层面根本政治制度、基本政治制度、重要政治制度建设的同时，如何在地方治理中不断进行实践创新，不断优化利益表达机制、利益整合机制和利益输出机制，促使民众诉求能够及时在制度内加以有效吸纳、消化和满足，是促使中国特色社会主义制度优势转化为治理效能的重要内容和根本途径。

具体说来，首先是要提高地方党委的利益整合能力。执政党最基本的功能就是整合全社会利益。地方党委作为联系基层民众与政府的桥梁，面对社会出现的群体利益多样化的趋势，必须不断地提高自身的利益表达和利益综合能力，把社会各阶层和最广大民众的利益诉求和政治表达经过筛选、调节、平衡、综合，反映到自己的决策、决议、决定中去，进而经由党的纵横组织体系、党的全面领导制度体系落实到具体政治生活和行政实践之全过程，真正发挥出党总揽全局、协调各方的领导核心作用。其次要落实和强化政治参与的具体制度建设。要加强基层民主制度建设，努力把基层选举、民主监督等最主要制度化政治参与形式真正落到实处。要在充分尊重履行法律赋予公民的政治权利和自由的基础上，进一步建立健全信访制度、人大政协制度、领导亲自阅批群众来信制度，进一步建立健全公众传媒的组织机构，使信访、议案、提案、新闻传播名副其实地成为不同利益群体表达要求的窗口。要加强工会、共青团、妇联等与人民群众的密切联系，充分发挥出体制内政治社团的利益聚合功能。要建立健全社会协商对话机制，特别关注和扶持特定利益关系链中困难群体、弱势群体的利益诉求。要及时将新生的社会阶层、社会群体纳入参政体系，并且不断地创新制度内有序政治参与的新渠道：如社情民意反映制度、重大事项社会公示制度和社会听证制度、专家咨询制度、公共决策听证制度等。再次是要充分发挥非政府组织在促进制度内有序政治参与中的积极作用。要通过引导、激励和规制等多元手段，促使社会各种民间组织、自治组织、志愿组织、慈善组织等良性健康发展，切实成为党、政府和政治社团的好帮手，成为社会各阶层公民参与地区和国家政治生活的有效渠道之一。

(3) 公信力失范

从深层次来看，地方政府公信力失范是孟连事件爆发的一个重要原因。而此群体性事件的发生，又进一步削弱、损耗了地方政府公信力。地方政府公信力既是政府对公民的影响力和号召力，又体现了民众对政府的主观取向即认可。因此，地方政府公信力，本质上体现的是政府与公民的互动关系。这种关系在现实政治生活中，既可以表现为一种状态、过程，也可以表现为一种结果、功能。

在一个政治体系中，政府是公权力的行使者，无疑是公共管理的主要主体，承担着社会中绝大部分公共管理和公共服务重要职能。因此，政府公信力的意义和价值是不言而喻的。政府公信力是社会信用体系的供给者、维护者，又是社会信用体系的"风向标""晴雨表"；它既是市场经济健康良性运行的前提和基础，也是政府自身合法性建设的根脉和源泉。改革开放以来，我国的经济社会发展取得了举世瞩目的成就，人民生活水平不断攀升，综合国力稳健增强，行政管理日臻完善，政府公信力总体提升。但是，一定程度、一定领域和一定范围内也随之出现了公民政治冷漠、官员政治腐败以及形式主义、官僚主义等弊病、问题和不良现象，政府公信力资源在积极积聚的同时，也出现了一定程度的消极流失。新世纪、新时代、新征程，努力消除影响政府公信力的不利因素，积极防范政府公信力的耗散流失，就成为防范行政失效、治理失效的重要任务。

加强政府公信力建设和重塑是一个系统工程。面对百年未有之大变局，适应我国社会主要矛盾变化，要不断满足人民对人民政府和美好生活新期待，坚决战胜前进道路上的各种风险、困难和挑战，就必须在加速推进政府治理现代化上下更大功夫。

就宏观战略层面而言，政府治理现代化的任务要求或基本要素，就应该是"民主政府、责任政府、服务政府、优质政府、效益政府、专业政府、透明政府、廉洁政府"8个方面的统一。

就各级地方政府而言，首要的是必须正确定位政府职能，坚决克服政府职能错位、越位、缺位现象。孟连事件的发生，突出地反映出农业产业化发展过程中地方政府本身的角色定位不清晰、行政法治建设还不健全等问题。地方政府是本地域内经济活动的仲裁者，而不是经济活动的参与者，本是矛盾的协调者，却成为加剧矛盾的推动者。有效防止和克服政府职能的错位、越位、缺位，一是要明确政府职能现阶段宏观上、总体上的定位，即政府主要担负经济调节、市场监管、社会管理、公共服务、生态环境保护等职责。二是要依具体时空、具体情况特别是公共产品(公共服务)的不同属性、类型来决定和选择公共产品(公共服务)供给的具体方式和途径。三是要注意把有效市场和有为政府更好结合起来，更加尊重市场经济一般规律，紧抓人民群众最关心最直接最现实的利益问题，最大限度减少政府对市场资源的直接配置和对微观经济活动的直接干预，大力保护和激发市场主体活力，大力保障和改善民生，让人民群众有更多获得感、幸福感、安全感。四是要坚持依法行政，推进各级政府事权规范化、法律化，克服地方政府追逐地方利益的自利性、局限性，提高工作人员依法行政的素质能力，做到法定职责必须为、法无授权不可为,坚决纠正不作为、乱作为,坚决克服懒政、怠政,确保各项工作事务在法治轨道上运行。

其次,要加速提升地方政府社会治理能力。一是在治理思维上要把工具理性和价值理性有机统一起来。社会治理是工具理性与价值理性的有机统一体。工具理性回应的主要是建立在经济发展、效率优先等核心基础上的社会功利性内容,价值理性回应的则是建立在公平、正义、公共利益等基础上的公共服务性内容。一直以来,我国地方政府社会治理中比较重视工具理性,尚没有充分发挥价值理性的作用。因此,当前须在党政干部人才队伍建设、公务员队伍建设中注重培育民主与公平的价值理性思维。就民主思维取向而言,地方政府应重点构建与完善政府与民众的平等沟通与协商对话机制、社会治理参与机制、权益保障机制,从而发挥民众在社会治理中的主体作用,疏导社会利益矛盾。就公平思维取向而言,地方政府要转变单纯靠发展经济进行社会治理的思维,努力建构效率与公平相统一、有效性与合法性相契合的社会治理导向,从而使社会治理成果公正分配,并与社会共享,以回应"为谁发展""谁之发展"等终极价值性根本问题。所以,地方政府一方面要关注社会治理的有效性与解决社会问题的实效性,另一方面更应关注社会治理手段的民主性与治理目标的公正性,即政治合法性建设(人民对治理秩序的认可、满意)。二是地方政府要运用多种社会治理手段,激发社会活力,解决社会治理深层次问题。一方面,地方政府要积极支持、鼓励和引导事业单位、群众团体等社会组织与民众参与社会治理,更好地发挥社会力量在反映社会利益、协调社会矛盾、管理社会事务、促进社会稳定中的作用。让民众能够充分地表达意愿并揭露社会治理问题,从而形成政府有效治理与社会自我治理的良性互动。另一方面,地方政府要善于挖掘和发挥诸如法律规范、道德约束、地方良俗、经济调节、心理疏导、舆论引导等多种社会治理资源,以弥补现代技术手段的局限,做到依据社会治理事务的特殊类型、特殊属性、特殊要求进行"精准式"治理。三是在治理内容上,地方政府在工作中应紧跟时代发展步伐,不断更新和拓展治理内容,提升治理成效。应尽快实现传统治理升级,根据社会公众利益要求和关注点的变化适时调整公共服务和公共产品的输出方向,从以往过度追求 GDP 的单一经济目标转向提供更为系统全面的教育、医疗、养老、环境保护以及政治民主、经济自由、社会公正和谐等方面的公共服务,力求以更高的质量、更全面的服务和更人性化的关怀追踪公众利益热点问题,切实解决社会矛盾,维护社会稳定。针对新兴网络治理而言,地方政府应尽快完善网络治理机制,加强政务平台建设,提供基于移动互联网的便捷高效的公共服务产品,实现诸多社会服务的便利化与简洁化。四是在治理绩效评价上,要完善地方政府社会治理的考核与问责机制,克服功利化与非均衡化倾向。要全面理解发展内涵,即发展不仅仅局限于效率的提高,还包括发展过程和结果的公平与公正;不仅局限于经济的增长与发展,还包括政治、社会、文化的发展以及人与自然的共生发展等。要按照新发展理念,设计科学的地方政府社会治理能力指标体系和政绩考核制度,使考核与问责的压力转变为社会治理的动力,强化经济发展的高质量内涵,注重社会发展的公平导向、均衡发展,真正实现在政府治理、社会调节、居民自治良性互动基础上的创新发展、协调发展、绿色发展、开放发展、共享发展,从而不断实现人的自由和全面发展。

参考文献

杨金东，2014. 边疆民族地区群体性事件后的地方治理——以云南"孟连事件"为例[J]. 社会学评论，2(04)：48-55.

俞可平，2005. 增量民主与善治[M]. 北京：社会科学文献出版社.

思考题

1. 简述"孟连事件"发生的原因。
2. 从利益协调（整合）的视角分析，党和政府应该如何防止类似于"孟连事件"的发生？
3. 简述"孟连事件"对于有效地方治理的启示。

案例6

3·15晚会曝光"土坑酸菜"事件，食品安全问题如何保障

（柳娥　周建锦）

摘要： 3月15日，在2022年央视"3·15"晚会上，"老坛酸菜"被点名，多家知名企业代加工酸菜包的企业被曝光。湖南岳阳多家酱菜生产企业存在收购"土坑酸菜"、生产环境恶劣、超范围使用食品添加剂等严重影响食品安全的行为。包括插旗菜业、锦瑞食品在内的多家企业还为众多知名品牌代加工酸菜制品，也为一些方便面企业代加工老坛酸菜包。调查发现，制作人员或穿拖鞋或光着脚在酸菜上踩来踩去，边抽烟边干活，抽完烟头直接扔在酸菜上。整个制作过程让人看得触目惊心，事件曝光后，引起公众强烈反响，"土坑酸菜"词条立刻登上了微博热搜的首位。当地监管部门连夜对涉事企业采取查封措施，开展执法调查。当晚，与涉事企业有合作关系的品牌纷纷发文表态，各个新闻媒体也对事件进行了报道。

关键词： 土坑酸菜　食品安全　政府监管　公众舆论

6.1　案例正文

6.1.1　"土坑"酸菜生产内幕曝光

插旗菜业是湖南省华容县较大的蔬菜再加工企业，为多家知名企业代加工酸菜制品，也为一些方便面企业代加工老坛酸菜包，号称老坛工艺，足时发酵。在插旗菜业的清洗车间，一袋袋酸菜被随意堆放在地上，经过机器清洗、切碎、拌料、包装、杀菌，就做成了老坛酸菜包。那么，制作这些老坛酸菜包的酸菜，究竟来自哪里呢？根据插旗菜业公司的官网，建设有高标准室内腌制池300个，年蔬菜腌制能力近4万t。在插旗菜业的腌制区，记者果然看到了标准化的腌制池，工人正穿着特定的工作服进行作业，不过，生产负责人告诉记者，这些酸菜都是用来加工出口产品的，老坛酸菜包里的酸菜，并不是这里腌制的，而是另有来源。

记者："自己腌的做出口，方便面菜包里的就是收的土坑的菜做的？"湖南插旗菜业有限公司彭经理："嗯，对。"工人告诉记者，清洗车间堆放的这些编织袋里的酸菜都是从外面收购过来的。记者跟随公司的货车，在同福村附近一片农田里，找到了腌制酸菜的地方。腌制好的酸菜就在一个土坑里，工人正在把腌制好的酸菜取出、装袋。记者看

到，工人们有的穿着拖鞋，有的光着脚，踩在酸菜上，就连称量酸菜的磅秤也是直接放到酸菜上。很快货车里就装满了土坑里腌制的酸菜，记者一路跟随，50 min后，货车驶进了插旗菜业。记者："咱们这收不收那个酸菜啊？"湖南插旗菜业有限公司车间主任："收啊。"记者："就是那个土坑里面腌制的酸菜？"湖南插旗菜业有限公司车间主任："是啊。"按照《中华人民共和国食品安全法》规定，食品生产者应当查验供货者的许可证和产品合格证明；对无法提供合格证明的食品原料，应当按照食品安全标准进行检验。然而，生产负责人告诉记者，插旗菜业并不对卫生指标进行检测。记者："土坑里的菜刚收过来之后，卫生指标检不检？"湖南插旗菜业有限公司彭经理："卫生指标，卫生指标这个不检。"老坛酸菜包号称是"老坛工艺，足时发酵"。在一个昏暗的库房里，记者确实看到了一些坛子，但工人告诉记者，老坛酸菜包里面的酸菜并没有经过坛子发酵。记者："有二次发酵吗？"湖南插旗菜业有限公司工人："没有。"记者："就直接用外面那堆，就我看到那个清洗车间的那个？"湖南插旗菜业有限公司工人："嗯。"湖南插旗菜业有限公司严经理："它不要二次发酵，不需要。"

原来，所谓的老坛酸菜，只是地地道道的土坑酸菜。生产负责人彭经理坦承，虽然插旗菜业有自己的标准化腌制池，从这里出来的酸菜基本不会含什么杂质，但这些都被用来做出口产品，给食品企业代加工的酸菜都是收来的土坑酸菜。同样都是酸菜，为什么会有两套不同的生产方式呢？湖南插旗菜业有限公司彭经理表示："就是国内的产品，你到了消费者手里，里面有一点树叶，有一点纤维，顶多罚你一千(元)两千(元)，这个如果到国外去了，至少是罚十万(元)。"彭经理说："使用土坑酸菜所加工的成品中，可能会含有一些杂质，由于经过了切碎等多道工序，肉眼很难发现。"

这些酸菜又是怎么腌制的呢？每年初春，正是芥菜成熟的时候，在菜地的旁边，有一个大坑，工人将从地里拉过来的芥菜倒到土坑里。记者注意到，这些芥菜并不清洗，有些甚至带着枯萎发黄的叶子放置好后，加水、盐等，用薄膜包上，盖上土直接腌制。在华容县一些农田里，记者看到有很多腌制酸菜的土坑。经过3个月，酸菜就腌制好了。每年7月到来年的1月，厂家会陆续来这里收购酸菜，和插旗菜业所收购的酸菜一样，工人或者穿着拖鞋，或者光着脚，在酸菜上踩来踩去。有的甚至一边抽烟一边干活，抽完的烟头直接扔到酸菜上。岳阳市君山区雅园酱菜食品厂生产的是这种1kg包装的酸菜制品，主要卖给一些餐饮企业。

农户："全国各地都拉走，湖北、四川、上海，到处都拉走。"记者："咱这儿也收农户土坑里的菜吗？"岳阳市君山区雅园酱菜食品厂李经理："也收。"在车间里，大批的酸芥菜被直接卸在地上，有的袋子已经开裂，酸菜直接落在地面上。记者："那咱收回来得检测检验这些东西吗？"岳阳市君山区雅园酱菜食品厂李经理："脆度、水分、酸度。"记者："那咱们平时收进来是不检这些是吧，细菌、大肠杆菌这些？"岳阳市君山区雅园酱菜食品厂李经理："都不检。"经过清洗、去根、切割，酸菜被输送到下一道工序。在包装车间，一名工人正拿着勺子往酸菜包里灌装液体。记者："你这个加的是什么水啊？"岳阳市君山区雅园酱菜食品厂工人："不知道。"

海霞酱菜厂也是给餐饮业后厨加工酸菜。车间里满是污渍，准备加工的酸菜直接堆放在地上，这里清洗酸菜更加简单，只是从水里过一下，就直接切割、装袋、加入防腐剂、封袋。在调查中，从业者向记者透露，由于酸菜的腌制时间短，包装好后一两个月左右就会发黑变烂，在加工过程中有时会超量添加防腐剂。

坛坛俏食品有限公司刘经理："现在我们做的这个酸菜，里面的防腐剂是超标的，主要是那个护色剂、焦亚硫酸钠、二氧化硫。我们现在做的产品我知道啊，我做进去就是超标的，不超标不行啊。"记者："这个地方超标会超多少啊？"坛坛俏食品有限公司刘经理："它根据气候来确定。"记者："那像夏天一般会超过多少？"坛坛俏食品有限公司刘经理："一般超个2~10倍。"坛坛俏食品有限公司刘经理："这个东西我们是打了一点擦边球。"记者："是怎么弄的？"坛坛俏食品有限公司刘经理："就是说它这个产品，它所有的防腐剂也好，还有那个护色剂也好，它是有那个挥发性的。你今天添加进去的数据，我们今天做出来的产品，你今天检测它是一个数据，半个月以后它的数据又不一样。你现在做出来超一两倍，但是过一个月就不超标了。"

锦瑞食品有限公司是华容县较大的酸菜加工企业，也给一些食品企业代加工老坛酸菜。生产负责人承认，从农户那里收来的土坑酸菜，会经过清洗、坛子7天发酵、切碎等多道工序，原本的一些杂质，肉眼很难发现。

6.1.2 事件发酵的各方观点

6.1.2.1 涉事品牌发表声明致歉

插旗菜业官网显示，其合作伙伴包括康师傅、统一、五谷渔粉等多家企业，涉及国内快餐类市场上几个领军品牌。

(1) 康师傅

央视2022年3·15晚会中曝光，湖南省华容县插旗菜业、锦瑞食品有限公司两家酱腌菜生产企业存在进货货源部分为收购来的"土坑"酸菜问题。康师傅酸菜包的供应商正是插旗菜业。3月15日晚，康师傅方便面投资(中国)有限公司就"土坑酸菜"供应商发表声明指出，湖南插旗菜业有限公司是康师傅酸菜供应商之一，公司已立即中止其供应商资格，取消一切合作，封存其酸菜包产品，积极配合监管部门调查与检测。

康师傅在声明中表示，此次事件是我们管理的失误，辜负了消费者的信任，我们深表歉意并将引以为戒！后续我公司将在政府有关部门指导与监督下开展积极整改，感谢媒体和社会各界的监督。

(2) 统一

3月15日，统一官网出现了"发声明——删声明——再发声明——又发声明"的情况，且多次声明内容相差巨大，引发二次舆情。统一企业(中国)投资有限公司在发表的第三份声明中表示，湖南插旗菜业不是统一企业的供应商，与统一企业没有任何关系。同时已于第一时间约谈了统一酸菜包供应商的负责人，对供给统一企业的酸菜包进行全面检测。

统一声明中表示，此次事件是该公司管理的失误，辜负了广大消费者的信任，对此表示深深的歉意！统一方面将全力配合政府管理部门的调查和处理，深刻反省，引以为戒，加强管理，诚恳接受媒体和社会各界的监督。

（3）五谷渔粉

3月16日，五谷渔粉官方微博发布声明称，关于央视3·15晚会报道的湖南插旗菜业有限公司生产的酸菜原料生产环境问题，公司高度重视并立刻展开调查，声明表示湖南插旗菜业有限公司确是公司酸菜原料供应商之一，公司已第一时间约谈湖南插旗菜业有限公司的负责人，并对相关的酸菜原料进行下架全面停止使用并封存，等待相关部门的进一步检查。同时要求并监督湖南插旗菜业有限公司第一时间公布相关部门的检查及处理结果。

五谷渔粉在声明中表示，此次事件是公司对原料供应商监管与管理的失误，辜负了广大消费者的信任，对此表示深深歉意！后续我公司将全力配合政府管理部门的调查和处理，诚恳接受社会各界的监督！

6.1.2.2 监管部门

2022年3月15日，央视"3·15"晚会曝光了岳阳市华容县插旗菜业、锦瑞食品和君山区雅园酱菜食品、坛坛俏食品等多家企业涉嫌违规生产酸菜行为。湖南省食安办第一时间决定对央视曝光的"3·15酸菜案"进行挂牌督办。当晚，华容县委、县政府立即组织对央视曝光企业采取查封措施，开展执法调查，同时对全县酱腌菜企业开展大排查大整顿。

3月15日21时，华容县领导带队，县市场监督管理局、公安局出动执法人员，到达华容县插旗菜业和锦瑞食品有限公司，认真排查整治，责令停产整顿，封存全部产品，启动立案调查。随后连夜召集县内30余家酱腌菜企业负责人召开整治大会，通报情况，要求所有企业开展自查自纠，立行立改；宣布从即日起，对全县酱腌菜行业开展地毯式排查，对查出的问题顶格处理，决不姑息；同时进一步加强市场监管、群众监督、舆论监督的作用，规范企业生产经营活动，促进行业自律，提升产品质量，确保酱腌菜行业安全、规范、健康、有序发展。

6.1.2.3 专　家

中国农业大学食品科学与营养工程学院副教授朱毅："用'土坑'腌制酸菜可能会存在亚硝酸盐超标、防腐剂超标、环境卫生不达标等问题，危害人们身体健康。同时，'土坑'腌制酸菜会用到盐，如果操作不规范，会使大量盐水渗入地下，污染地下水及周围土壤环境，这也可能违反《中华人民共和国环境保护法》等法规。"

科信食品与营养信息交流中心业务部主任阮光锋："二氧化硫在食品工业中也是一种食品添加剂，应用非常广泛。二氧化硫在很多食品中都可以使用。如在水果、食用菌、竹笋、山药等蔬菜的保鲜或去皮、切分等加工方式上，都利用了防腐、杀菌、保鲜的作用。二氧化硫还可应用于干果、蔬菜的护色，通过硫熏后可使有色干果、蔬菜外观颜色鲜亮。国际食品添加剂联合专家委员会（JECFA）和世界卫生组织（WHO）制定的二氧化硫安全摄入限量是每天每公斤体重不超过0.7mg；对于一个60kg的成年人，这相当于每天42mg。"

科信食品与营养信息交流中心副主任钟凯:"二氧化硫对不同的人引发'敏感症状'的量不尽相同,其症状一般为恶心、呕吐、腹痛、头晕、呼吸困难等,严重的也会危及生命。"

美国食品技术协会高级会员、科普工作者云无心:"目前还无法判断,这些知名企业是'受害者',还是心照不宣、同流合污。"

食品产业分析师朱丹蓬:"这属于供应链层面的问题,目前具体情况到底如何还很难判断。"

6.1.2.4 新闻媒体

事件报道当晚,3·15晚会尚未结束,"3·15老坛酸菜"已经登上微博热搜的第一名,之后不久百度搜索排名的第一名也被"老坛酸菜"占据。

澎湃新闻:对于这些卫生状况、质量状况都严重存疑的原料,与之合作的大牌商家是否有过把关?它们难道真的毫不知情吗?至少从常识来看,恐怕不太可能。如插旗菜业就透露,并不会对卫生指标进行检测。这样连卫生指标数据都没有的生产状况,是怎么进入大牌厂家的采购商名录的?"康师傅们"难道没有察觉到异常?

现代意义上的食品安全维护,从来就是一个系统性工程,它涉及从生产到加工,从原料到包装等每一个环节和每一个责任主体,这也正是它的复杂性所在。但是,只有每一个环节都不掉链子,才能真正构建起食品安全的铜墙铁壁。

新浪财经:谁也没想到,号称"老坛工艺,足时发酵"的某知名方便面品牌的老坛酸菜包便是由这样的"土坑"酸菜制作而成。"看完以后再也不想吃酸菜了,真心反胃""看yue(吐)了",正像网友所言,"土坑"酸菜不仅打破了消费者的常规认知,其背后更是隐藏着较大的食品安全风险,更让人无法接受的是部分商家"知法犯法",并通过"打擦边球"来应付监管部门检查。食品安全大于天,任何挑战消费者"舌尖安全"的行为都应被严惩,守护食品安全不能"老谈"不办。

6.1.2.5 网友热议

(1)恶心的"足"时发酵

这家公司腌制酸菜的做法并不是现在才有的,原来早有网友在多年前就曝光过他们的做法。据网友@里神楽发布的微博介绍,早在2015年就有贴吧网友曝光了插旗菜业的酸菜厂的质量问题,他称自己有同学父母在里面上班,自己也去看过,腌制酸菜的过程真的很脏,同学父母建议不要吃。这个帖子发布于2015年1月,迄今已经7年多了,看起来插旗菜业的食品安全问题不是这两年才有的,这个帖子也被网友点赞神预言。

万万没想到,今年的央视3·15因"酸菜门"事件,彻底刷爆了社交平台和吃瓜网友的朋友圈,因其"涉及大牌广、持续时间长、侮辱性和伤害性难忘",引起巨大反响。一夜之间,亿万国人,仿佛都被"老坛酸菜"脚味熏翻了天。网友评论:"脚尖上的酸菜";"'足'时发酵,确实'足'了";"以后再也不敢吃老坛酸菜了"。

(2)令人愤怒的双标做法

这次老坛酸菜事件,之所以令网友怒火中烧,其中一个重要原因,便是涉事企业的极致双标，简单讲就是把好的全出口，然后差的却给到康师傅等品牌的泡面包中，这跟专坑中国人有什么区别？

对此，网友表示："没良心的企业！""为什么出口的用正规的，现产的用劣质土坑的？国家食品安全管理部门也要反思！""违法成本太低，所以国内这种食品安全问题屡禁不止。"

就像网友说的，从之前的三聚氰胺到现在土坑酸菜，还有四川绵阳地沟油、湖南郴州大头娃娃、江西南昌双汇车间乱象等，食品安全问题层出不穷，违法乱象屡禁不止，也许真的是违法的成本太低了。食品安全民之大计，舌尖上的安全谁来守护？现在人们生活水平提高了，但随之而来的是食品安全事件越来越多，关乎国计民生的食品安全，确实应该引起重视了。

(3) 另一种声音

当舆论吐槽"土坑酸菜"时，网上也出现另一种声音。有网友说用脚踩方式池腌酸菜是一个正常步骤，几十年来都是这么做的，自家酸菜也是用脚踩，还有人列举制作葡萄酒的葡萄同样是用脚踩。

这说明，公众当下对于农产品加工采用哪种方法仍然存在一定分歧，对传统食品工艺和卫生要求也存在一定认知盲区。事实上，所谓的"不干不净不生毛病""盐消百毒"等说法，既不符合我国《食品安全法》对食品生产过程的卫生要求，也跟不上时代需要，这些陈年老规已经不合时宜。在此基础之上，如何对传统加工工艺进行转化和更新则是当下需要关注的事。

实际上，我国一些地区早已认识到土法制作的局限性和危害性，严禁用大坑腌制酸菜，将农产品标准化生产提上了日程。如2019年辽宁省政府连续下发《关于在全省范围内禁止使用大坑腌制酸菜的通知》《关于再次明确在全省范围内禁止使用大坑腌菜的通知》等文件，当地有关部门在全省各地开展大坑腌菜集中整治行动的同时，加快推进腌菜工业园区建设，实现酸菜产业园区化、规模化、产业化、标准化生产。

6.1.3 乱象中的"喜"与"忧"

6.1.3.1 白象赢得一致好评

在康师傅、统一、今麦郎均忙于应付舆论危机时，白象却迎来了销量的高光时刻。"土坑酸菜"曝光后，城门失火，殃及池鱼，白象方便面遭到网友怀疑，而白象官网却在这时大气回应："一句话：没合作，放心吃，身正不怕影子斜。"随后，有关部门便对白象生产的食品进行了60多次抽检，结果均为合格。有网友表示：以后吃面只吃白象！还有的网友说：良心国货，一定要支持，买光它！

据第三方直播数据统计平台灰豚数据显示，土坑酸菜事件后近一周，白象官方抖音号新增粉丝近30万，直播销售额达770多万元，而过去3个月里白象官方抖音号的销售总额仅为1300万元。3月21日的工作时间，白象直播间内有14.35万人在线观看。主播一边说"桶装面没有了，被大家拍完了"，一边呼吁消费者理性消费。不时有网友留言表示支持白象。正面新闻成为白象走红的"催化剂"。拒绝外资收购、1/3员工为残疾人、捐助灾区等如鸿星尔克一样，随着白象的这些信息被不断挖出，旗下产品也被抢购一空。继鸿星尔克之后，白象也成为"野性消费"的受益者。白象线上旗舰店更新发货公告，称"由于近期订单量销量暴增，给我们工厂带来了巨大的责任和压力。为了让大家早日收到产品。白象全国各地工厂启动紧急预案全力发货"。

食品产业分析师朱丹蓬表示，随着当前"国潮"的崛起，国人文化自信的回归，白象的一系列善举得到了消费者的支持，综合各种因素促成此次白象的走红。白象河南总部的一位员工表示，企业对走红的态度还是理性的。销量增长后，产能确实有一定压力，工厂在加班生产。除此之外，这次走红并没有给企业带来其他影响。

6.1.3.2 芥菜农户遭受重创

华容县被称为"芥菜之乡"，2008年，"华容芥菜"获国家农产品地理标志保护产品认证。据华容县政府网站显示，到2017年，华容全县芥菜种植面积22万亩。以芥菜为原料的酸菜产业也在华容县逐渐发展壮大，酱腌菜加工企业逾39家，芥菜产业从业人员超过13万人，总产值达到43亿元。

加工酸菜出了问题，触碰食品安全底线的企业理应受到严惩，但令人痛心的是，事件发生后，地方农业支柱产业以及产业背后的数万农民也受到了牵连。每年收割芥菜后，种植户通常是一部分直接卖给企业，另一部分是自己在田间地头的土窖里腌制之后再卖给企业。当前正值芥菜收获季节，整个行业停业整改后，鲜菜的收购、腌制都无法进行，如果不能一两周内脱手，芥菜就会烂在农户手中。

徐志辉是插旗镇的芥菜大户，承包了450亩田，请了上百位工人，每年得从农业银行贷款50万元才能维持生产。据他测算，每亩地的成本是2400元，包括种子、人工等，如果这些芥菜销不出去，至少有108万元的损失。还有很多人从银行贷了款，且正好今年的芥菜基本还在土坑里没来得及发货。一位芥菜大户说有一车货3月15日发到福建，白天发出去还没有出新闻，到了3月16日就被退回来。一车大概是价值3万元的芥菜，现在也不知道储存在哪里好。"全部真金白银砸进去，菜压在土里，到了3月一定要出，不出就会烂啊。"有的人说着说着就掉下了眼泪。

此次的"土坑酸菜"事件，让华容县举全县人民之力、用了几十年时间才培育出的一个有全国竞争力的产业瞬间倒塌，不禁让人惋惜。如今"一朝砸招牌"，损失的不只是企业，还有费尽心血长期培育的支柱产业，砸的不只是招牌，还有背后成千上万菜农的增收"算盘"，这样的结果更加让人痛心！

6.1.4 涉事干部及企业的严厉惩处

2022年3月16日，据央视新闻消息，中央广播电视总台3·15晚会曝光岳阳市华容县插旗菜业、锦瑞食品和君山区雅园酱菜、海霞酱菜、坛坛俏食品5家企业的食品安全相关问题后，岳阳市委市政府第一时间调度处置；涉事地党政主要领导率领由市场监管、公安等部门组成的联合执法组，连夜赶赴涉事企业，对所有产品全部就地封存，对企业的相关人员予以控制，对外销产品立即启动追溯召回措施，并全面停止农户土坑腌制行为。同时，对全市腌制酸菜生产企业进行全面排查。市场监管总局要求湖南市场监管部门立即查封"3·15"晚会曝光的食品生产经营企业,责令企业全面下架召回涉事产品。对违法采购使用涉事产品的食品生产经营者一查到底,依法严厉处罚。

6.1.4.1 四名干部停职免职

央视"3·15"晚会曝光湖南岳阳华容县、君山区插旗菜业、坛坛俏食品等 5 家企业酸菜生产相关质量问题后,两地党委政府高度重视,迅速展开执法、调查工作,并对存在监管不严、履职不力等问题的食品安全监管负责人进行追责问责。3 月 16 日晚,华容县委常委会研究决定,对华容县市场监督管理局局长何芳给予停职检查处理,对华容县市场监督管理局分管食品安全工作的党委委员、副局长徐育军给予免职处理;君山区委常委会研究决定,对君山区市场监督管理局党委书记、局长万越给予停职检查处理,对君山区市场监督管理局分管食品安全工作的党委委员、副局长戴中华给予免职处理。

6.1.4.2 插旗菜业有限公司

"3·15"晚会曝光后,身处舆论中心的湖南插旗菜业有限公司董事长严钦武面对镜头公开致歉:"我错了,深感惭愧,向广大消费者道歉,在今后的生产过程中,接受检查,整改到位。"根据《中华人民共和国食品安全法》《中华人民共和国反不正当竞争法》的相关规定,插旗菜业企业法定代表人被处以罚款人民币 100 万元,4 名生产负责人分别被处以罚款人民币 40 万元至 96 万元,该企业因虚假宣传被处以罚款人民币 200 万元;企业停产,待整改验收合格后,方可恢复生产。

6.1.4.3 锦瑞食品有限公司

行政处罚决定书称,锦瑞公司采购食品原料未履行进货查验义务的事实持续时间达两年以上、涉案金额 1112.81 万元,并被央视"3·15"晚会曝光,造成严重社会影响,依据《中华人民共和国食品安全法实施条例》第一百二十三条至第一百二十六条、第一百三十二条以及本条例第七十二条、第七十三条规定的情节严重情形;责令锦瑞公司停产,经整改验收合格后,方可开展生产活动。

6.1.4.4 雅园酱菜食品厂

岳阳市君山区市场监督管理局指出,3·15"土坑酸菜"涉事企业之一的雅园酱菜食品厂因未按规定实施生产过程控制要求、虚假商业宣传等问题,违反了《中华人民共和国食品安全法》相关法律,对其罚款 55 万元,并提请发证机关吊销其食品生产许可证,同时限制涉事企业人员 5 年内不得申请食品生产经营许可或从事食品生产经营管理工作、担任食品生产经营企业食品安全管理人员。

6.1.4.5 海霞酱菜厂

3·15 晚会曝光的"土坑酸菜"涉事加工企业岳阳市君山区海霞酱菜厂被市场监管部门处罚。岳阳市君山区市场监督管理局公布的处罚信息显示,因生产标签不符合规定的食品;未按规定实施生产过程控制;从事虚假商业宣传,违反我国《食品安全法》《食品安全法实施条例》，岳阳市君山区海霞酱菜厂被岳阳市君山区市场监督管理局没收违法所得 200 元；没收未销售的新谱泡豆角 273 件和海霞酸豆角 2000 件；罚款 1 094 600 元；提请发证机关吊销食品生产许可证；5 年内限制负责人裴某的食品生产经营从业资格。

6.1.4.6 坛坛俏食品有限公司

君山区人民政府官网的行政处罚信息显示，3·15 晚会曝光的"土坑酸菜"涉事企业湖南坛坛俏食品有限公司涉嫌生产经营的食品中钠含量超过标签标示的含量，食品标签含有虚假内容、未按规定实施生产经营过程控制的行为，违反了《中华人民共和国食品安全法》和《中华人民共和国反不正当竞争法》的相关规定。根据《中华人民共和国食品安全法》和《中华人民共和国反不正当竞争法》相关规定，经查后被岳阳市君山区市场监督管理局罚没 78 万余元。

同时，岳阳市市场监管局网站公布的信息显示，该局于 2022 年 4 月 18 日依法吊销湖南坛坛俏食品有限公司食品生产许可证，禁止当事人湖南坛坛俏食品有限公司法定代表人刘阳自吊销食品生产许可证的处罚决定作出之日起 5 年内申请食品生产经营许可，或者从事食品生产经营管理工作、担任食品生产经营企业食品安全管理人员。

结束语

俗话说，民以食为天，食品安全是一项关系到广大人民群众的身体健康和生命安全，关系到经济发展和社会稳定的民心工程。保障食品安全是所有食品生产者、经营者和各级政府、有关监管部门的法定责任。因此，食品安全的相关责任人，应该牢固树立以人民为中心的发展理念，把食品安全放在更加突出的位置。尤其是监管部门，应切实提高食品安全的监管水平和执法能力。希望通过监管部门能够从此次事件中认真吸取教训，加大整改力度，从而杜绝类似"土坑酸菜"这样的恶性食品安全事件的发生。

材料 1 "3·15 土坑酸菜"事件历程

3 月 15 日 21 时，央视 3·15 晚会播出，曝光老坛酸菜包在土坑腌制，涉及湖南插旗菜业有限公司、岳阳市君山区雅园酱菜食品厂、坛坛俏食品有限公司、锦瑞食品有限公司、海霞酱菜厂 5 家公司。

3 月 15 日晚间，统一公司在官网发布声明致歉并回应称：自 2012 年底与湖南插旗不再合作。随后立即删除，更改为：最近 5 年内，湖南插旗公司已不再是我公司酸菜包原料的供应商。

3 月 15 日 22 时，淘宝、京东等多家电商平台屏蔽"老坛酸菜"搜索结果，被曝光企业网店被下架。插旗菜业官网被关闭。肯德基声明否认插旗菜业是其供应商。华容县市场监督管理局向媒体表示已开始调查。

3 月 15 日 23 时，今麦郎官博回应"从未采购'3·15 晚会'曝光的酸菜包产品"。白象官博称与插旗菜业没合作：放心吃，身正不怕影子斜。

3 月 16 日 0 时，康师傅发布声明致歉：取消一切合作，封存产品，配合调查与检测。

3月16日10时，媒体报道称，湖南岳阳全市腌制酸菜生产企业进行全面排查，企业相关人员被控制。统一企业发布《致广大消费者说明函》。

3月16日，媒体采访插旗菜业员工：行业遭灭顶之灾。康师傅官网发布《关于使用酸菜包原料的再次声明》。五谷渔粉称与插旗菜业有合作，已将酸菜原料下架待检查。陆续有媒体网民反映称部分商场超市下架老坛酸菜方便面。

3月16日19时，插旗菜业董事长致歉。统一官博发博：敢承诺，敢保证，不信就来参观。

3月17日，媒体报道称：康师傅表示北京地区销售的老坛酸菜面不是问题酸菜。10时，"岳阳发布"微信公号消息：4名干部因食品安全监管不力被追责。

4月8日，君山区市场监督管理局对湖南坛坛俏食品有限公司与雅园酱菜食品厂做出行政处罚。

4月8日，湖南省华容县市场监督管理局对湖南锦瑞食品有限公司做出行政处罚。

5月18日，君山区市场监督管理局对岳阳市君山区海霞酱菜厂做出行政处罚。

5月24日，新京报记者从湖南华容县委宣传部工作人员处获悉，湖南插旗菜业及相关责任人共被处罚548.8万元，已经缴清罚款并于5月初恢复生产。

材料2　国内近3年食品安全事件整理（表6-1）

表6-1　国内近3年食品安全事件整理

时间	事件名称	事件内容
2020	汉堡王	3·15晚会接到内幕人士举报，汉堡王的标准在实际执行中，存在严重问题。有不少食客反映汉堡王的食材不新鲜、汉堡缺斤短两，过了保质期的面包、南美风味鸡腿更换标签，做成汉堡卖给顾客
2020	海参事件	山东即墨的一些海参养殖户使用敌敌畏养殖海参，同时养殖会用到抗生素等各种兽药原粉，山东湾子口村的海参加工基地会使用糊精淹泡海参
2021	假冒"鲜鸭血"	2021年4月24日，有媒体曝光小龙坎火锅店济南伟东新都店存在使用黑作坊加工的假冒"鲜鸭血"的情况
2021	羊肉"瘦肉精"	河北沧州青县的羊肉养殖户在饲养过程中私自使用早已被国家立法禁止的瘦肉精，甚至持续使用超过10年时间
2022	湖南插旗菜业使用土坑酸菜	记者实地探访得知，插旗菜业标准化腌制池腌出来的酸菜是用来加工出口产品的，老坛酸菜包里的酸菜则是从外面收购来的"土坑酸菜"
2022	禹州粉条纯"薯"造假	记者了解到从禹州销售出去的"红薯粉条""山药粉条"却是由"玉米淀粉和木薯淀粉"混制而成

数据来源：网络资料。

材料3　网络话题分布情况（表6-2、表6-3）

表6-2　媒体话题分布

话题名称	百分比
传播"土坑酸菜"问题	56.1%
聚焦企业回应及相关措施	18.4%
关注监管部门的行动及追责	13.8%
关注酸菜上下游关联行业影响	8.2%
其他报道	3.5%

数据来源：识微科技商情研究院。

表6-3　网民话题分布

话题名称	百分比
传播及谴责"土坑酸菜"问题	62.4%
点赞3·15晚会	13.7%
吐槽出口食品与国内销售双重标准	8.1%
呼吁严惩涉事企业及相关负责人	7.8%
质疑日常监管缺失	6.2%
其他言论	1.8%

数据来源：识微科技商情研究院。

6.2　案例说明书

6.2.1　课前准备

（1）教师提前准备好案例内容、相关图片、视频等材料。

（2）将学生分成几组进行小组讨论，5~8人一组，每组准备一张白纸，用于记录小组讨论意见。

（3）每组选出一位组长，完成案例讨论的目标后将小组讨论的成果向全体同学展示，进行评析交流。

6.2.2　适用对象

本案例是为接受"公共管理学"等相关课程学习的MPA学生、本科生、学术研究生以及从事这方面工作的人员设计的，同时也适合公共管理专业其他方向的研究生学习使用。

6.2.3 教学目标

本案例共有3个教学目标：

第一，结合案例，使学生充分了解"土坑酸菜"事件发展历程，找出案例涉及的利益主体在此次酸菜风波事件中的影响以及政府部门的处理方式。

第二，讨论网络媒体、网民参与在此次酸菜事件对政府决策、企业管理有什么影响？

第三，思考此次案例中暴露出了哪些问题？在公共管理视角下如何加强食品安全管理？

6.2.4 要点分析

（1）在此次"土坑酸菜"事件中，应熟悉了解整件案例的发展历程，分析评价对各利益方的影响及处理方式。

①对企业而言 "土坑酸菜"事件的发生，使得康师傅、统一等与其合作的方便面品牌口碑大降低，还间接影响了其股价，对涉事企业经济效益形成巨大打击。另外我们分析了涉事企业面对舆论危机的反应速度，3月15日晚，涉事企业都具备了及时性的首要条件均发布了紧急声明，配合监管部门调查。

对于企业舆情公关，声明是企业最权威、最有力的回应，在舆情发酵初期平息公众质疑、挽回消费者信心上意义重大，而反复推翻自己的说法，则是企业舆情应对的"大忌"，相较于存在的问题本身，"反复"动作背后呈现出的企业不严谨、不专业和不诚恳的态度对于企业口碑更为致命。在此次公关回应中，统一在反复改口中，逐渐失去公众信任，反映出了该公司并未形成科学有效的舆情应对机制，也没有针对突发舆情做足预案。因此，对于大型企业而言，做好常态化的舆情监测工作以及公关风险预案至关重要。而从行业本身来说，加强企业自律、强化食品质量控制，牢牢守住企业食品安全红线，才是企业长久发展的立足之本。

在这次"土坑酸菜"事件中，由于同样以酸菜为原料，所涉品牌随时有被卷入舆论危机的风险，而白象品牌却最终凭借一纸看似简单的公关声明力挽狂澜，非但没有被"误伤"，还通过迅速且周到的公关反应，将潜在危机事件化险为夷，收获了粉丝好评。可见，如果品牌能够及时把握舆论风向，以真诚之心面对消费者，也能化危机为机遇。

②对政府而言 这一次"土坑酸菜"的质量问题，涉及了方便面这样的国民级食品，影响之大，足以动摇公众对食品安全的信任，公众除了谴责涉事企业外，也会质疑有关监管部门是否履行好食品安全监督的责任。对于央视曝光的"3·15酸菜案"，相关地方、部门和单位第一时间进行挂牌督办，认真排查整治，启动立案调查。另外，当酸菜事件发生时，可以看出政府在第一时间公布了事件情况，发布信息，让公众及媒体了解信息。

信息的公开透明是社会发展的动力。一旦事件发生第一时间公布信息，发布权威资讯，能够减少公众心中的不确定性，减少流言的蔓延，稳定人心。若是一味地隐瞒，不但不能够稳定人心，同时会影响政府及媒体的社会形象及公信力，对政府日后的工作及媒体的发展都极为不利。如果媒体能够从政府那得到准确的信息，那么政府就成了媒体的一个稳定且有分量的信息源，有事件发生后，媒体会向政府求证，报道出最新情况，并会根据政府提供的信息，去采访相关的当事人，详细补充事件发展进程中的种种状况，并会引进一些社会主流的专家学者的意见，引导公众的注意力。当政府建立了畅通的信息渠道，实现信息的公开透明，让公众及时了解了事情真相。

③对消费者而言　从公众个体的角度来说，安全始终是悬于心上的一件大事，健康是从事一切工作及生活的基础。如若缺乏健康，则会出现心有余而"力"不足的状况。"病从口入"，人们对所需的食物的安全状况极为在意，常常关注及主动寻求食品安全信息，以此增加在这方面的认识，确保自身的安全。

从主观角度来看，伴随着经济的发展，公众地位提高，自我的权利意识增强开始主动关注与自身相关的安全信息。在经济不发达的时候，人们考虑得更多是如何在现有物质条件不丰富的情况下生存下来，忙碌于能够提高自己衣食住行标准的社会活动中。这时候，公众主要是被动接受媒体及政府提供的信息，鲜有主动寻求外界信息的情况出现。而在社会经济大力发展后，上层建筑随之发展，公众地位也有所提升，自我意识更为强烈，注重保护自己的权利。因而，主动积极地寻求外界信息就成为保护自身权利的一条重要途径，催生了大量的信息需求。

从客观角度来看，物质的极大丰富，食品品种的增多，带来一些不安全的食品因素，促使公众去了解自己所不知道的信息，以保证自己的安全。美国心理学家马斯洛把人类的需求分成生理需求、安全需求、社交需求、尊重需求和自我实现需求5类，依次从较低层次到较高层次排列，人的需求也是从低到高发展的。最基本的生存需求得到满足后，人们会转而去满足自己更高层次的需求。物质条件的发达，使得公众对食品的要求也从果腹提高到味美可口。因为公众有了这样的需求，食品生产商们才能抓住机会生产出人们需要的食品。他们当中绝大多数都是合法经营，所生产的食品也是卫生且营养的。但这并不排除有些食品生产商缺乏责任感，为获取利益采取不正当不卫生的手段生产出达不到质量要求，对人体无益甚至有害的食品。如用地沟油做菜、用甲醛勾兑啤酒、火锅底反复使用等。当这样的事件出现那么几次后公众就会出现警惕心理，自然而然的去关注食品安全信息。

④对芥菜行业而言　"土坑酸菜"风波后，"13万从业者如何自救"的话题也一度引起舆论广泛关注。华容芥菜作为当地支柱产业之一，其中凝结了政府、企业、农户30多年的心血与努力。眼下最重要的，就是摆脱粗放，实现自救与重生。

加工酸菜出了问题，触碰食品安全底线的企业理应受到严惩，但并不代表产业本身就有罪，数万菜农更不应无辜受到牵连。从产业长远发展的角度，不妨再想深一层。在信息泛滥、人人都是自媒体的今天，酸菜"失火"，如何减轻产业和菜农的"池鱼效应"？是否还有更具建设性的方式？除了处罚相关企业和人员外，还有没有其他可以采取的措施，能将农民的损失减到最低？

当前，在疫情延宕反复的影响下，企业生产经营本来面临不少困难，一些地方的就业等民生问题亟待解决。酸菜产业作为当地的支柱产业，承担着保地方经济发展的重任，也是保就业、保民生的重要支撑。因此，在当地企业所生产的产品符合相应检测标准后,市场和消费者也不妨对其报以宽容和善意。毕竟,曝光企业食品安全问题的目的,就是督促其"改过自新",为消费者提供优质、安全的产品,而不是"一棍子打死"。当然,这首先要求当地要摒弃落后的生产操作方式,走标准化、规范化、更安全卫生的发展路径,这是任何一家食品企业都应守牢的市场"规矩"。当地相关企业正好可以借此机会,把酸菜的生产地由传统的土坑挪到标准腌制池,从而实现生产方式的转型升级。在这样的前提下,市场当然可以对其予以认可和接纳。这是给困境中的地方产业一个机会,也是保持市场开放有活力的重要因子。

(2)讨论网络媒体、网民参与在此次酸菜事件的作用以及对政府决策、企业管理的影响。

食品安全事件在近年来相继发生,对自身安全的关注促使公众通过各种方式积极地对食品安全进行监督,网络媒体充当了公众监督食品安全的代表,站在了食品安全监督的前线。本案食品安全事件发展过程中的不同阶段,作为信息集散地和舆论平台的网络媒体对政府与企业发挥着极强的监督作用和决策的推动作用。

"土坑酸菜"事件由央视于3·15晚会中曝光,一条记者暗访的曝光视频被各大媒体相继转载,由于网络媒体的快速参与,使事件快速进入公众视野,引发舆论关注和讨论。一夜之间"土坑酸菜"成为舆论的焦点,公众开始批评质疑各大企业品牌,掀起了一股反酸菜风波。当晚,统一、康师傅在官网接连发布声明并致歉,肯德基、白象、今麦郎等其他受波及的企业也火速发布声明表示与被曝光的酸菜加工企业无关。在此阶段内,媒体报道以传播"土坑酸菜"问题及企业回应为主,网民则多为"谴责涉事企业双标和无视食品安全的行径""讨论涉事企业的合作方"等。

3月16日,经过一晚发酵,事件热度持续上升。统一、康师傅、五谷渔粉、插旗菜业董事长等对土坑酸菜问题进行回应和致歉,多地线下商超下架酸菜口味方便面,当地相关部门处置"土坑酸菜案"。央视财经、中国新闻网、湖南日报等媒体持续跟进报道事件相关进展,引发网民积极参与讨论,助推事件热度于当天到达传播最高峰。此后事件热度逐渐回落,相关信息主要围绕"土坑酸菜对酸菜相关行业的影响""腌制食品的食品安全问题""土坑酸菜曝光意外火了白象"等话题展开。

网络上信息的流通速度快,可以在短时间内实现信息的大范围自由流通。网络的迅捷与及时性大大方便了受众及时关注事件的最新进展与随时发布信息食品安全事件涉及面广,影响巨大且与人民的生命财产息息相关,一经报道必会引起大众的广泛关注。

作为第四大媒体网络是监督食品安全事件的重要力量。无论是出于传媒业的本质要求还是从媒体运营的经济需求来考虑食品安全都是网络媒体关注的重点。媒体需要满足公众的知情权提供公众所需的信息。媒体是社会的瞭望哨担负着环境监测社会协调等多个功能,公众了解外部世界主要就是通过媒体来实现。

(3)分析在此次"土坑酸菜"事件中应如何加强食品安全管理是本案例的重点。

①权责清楚责任体系划分　权责不明是影响中国公共管理效果关键原因,对于食品安全卫生管理,需要包含到多部门之间协调配合,选择性、任意性规范机制只会造成各个责任主体之间在问题出现以后相互推诿,难以找到明确负责机构,无法对其进行处罚,这就造成了下一次恶性事件继续发生可能性增加。确立权责清楚的责任体系,是目

前我们进行安全管理建设首要任务，对于参与食品安全管理各个部门之间，进行明确分工，甚至在部门内部将具体职责落实到个人，明确责任主体能够使我们在问题出现以后立即做出应对和反应，而且严厉处罚制度能够加强单位和个人对安全问题事前监管，减少安全事故发生概率。

②加强食品安全法律、行政法规建设　不管是中央政府部门还是地方政府，国家全部授予了她们制订行政法规、规章权利。加强立法建设成为目前完善中国食品卫生公共管理一个关键路径。从基础法体系来看，中国对食品安全管理并没有建立独立法律部门，对消费者保护大多数笼统归类在经济法相关条文中。在这种法律规范并不完善情形下，除了国家立法机关应该重视和加强法制建设以外，各级政府部门能够制订对应规章对自己行政区域内食品管理进行规范和调整，这种规范能够使政府因地制宜选择适合当地的方法，实现效果最好。

③加强食品生产者本身安全意识教育　政府多种公共管理方法实施运行，全部是从外部环境、外部压力来对这一问题进行规制。食品安全管理除了外部压力施加这种方法以外，还需要食品生产者本身意识、本身素质提升，这才是处理问题最根本的方法。这种生产者本身安全意识提升，除了提升本身诚信建设、本身素质建设以外，形成全行业规范体制也是一个关键方法。经过行业规制提升行业整体质量是加强食品安全管理可行方法。

④加强公共监督职能发挥　食品安全管理，并非一个部门、一个机构能够处理问题，公共监督职能发挥在食品安全管理中有着关键作用。公共监督职能发挥，要求相关部门设置特定机构、特定渠道接收公众投诉或质疑，而且这种投诉和质疑应该得到立即处理，不能让公众监督权利停留于表面，却难以得到实际保障。

6.2.5　课堂安排

本案例发生在 2022 年 3 月 15 日，课堂教学开始时，授课教师要对案例做简要介绍，观看相关视频及图片内容，让同学们更加直观清晰地了解事件发生的过程，时间控制在 15 min 内。

教师提出本案例研究的主要问题，同学们可围绕问题进行讨论，分析问题（其间可发掘其他问题），提出解决方案。理清酸菜事件的利益主体、分析企业和监管部门存在的问题、事件产生的原因及影响，最后进行评价并总结。

小组讨论环节结束后，邀请小组代表在全班面前陈述本小组的主要观点和解决方案，并鼓励其他小组成员进行补充。在班级汇报过程中，教师及时进行归纳整理。

在学生进行充分讨论的基础上，授课教师对本案例内容及主要问题进行归纳总结，对同学们仍有疑虑的问题进行详细解答。

6.2.6　其他教学支持

充分利用多媒体手段，在讲解案例过程中为同学们提供记者暗访的土坑酸菜曝光视频、新闻报道内容、相关图片资料等，用文字、图像、声音的巧妙结合，可以大大增加课堂信息量。使同学们更加直观地感受到土坑酸菜的腌制过程，提高食品安全的意识，了解政府、相关部门及企业的做法，了解到网络媒体发挥的重要作用。有利于在教学中使同学们发散思维，拓展深化，从而全面提高课堂教学效率。

参考文献

郭芳榕，2022. 基于"土坑酸菜"事件浅议我国食品安全法律规制[J]. 中国食品（13）：59-61.

张卫，2022. "土坑酸菜"引发连锁反应农业支柱产业应引以为戒[J]. 中国食品（07）：10-15.

思考题

1. 简述"土坑酸菜"事件涉及的利益主体及此次事件产生的影响。
2. 简述在该案例中，专家、媒体、网民在政府决策中起到的作用及评价。
3. 如果你是涉事企业负责人，该如何渡过企业危机。
4. 国内食品安全问题层出不穷，简述最主要的原因及如何做。

案例 7

共享单车能否与城市共享未来
——基于昆明市共享单车的政府规制研究

(刘 燕)

摘要：自2016年年底共享单车投放昆明以来，共享单车较好地契合了城市的绿色发展理念，也大大方便了市民的出行，共享单车在昆明落地生根，迅猛发展。共享单车在满足市民出行便利的同时，也造成了诸如乱停乱放、车辆损坏、投放比例失衡、管理服务不到位、配套保障不完善、交通安全隐患突出等问题，这一定程度背离共享单车的初衷——补充完善城市公共交通，服务公共利益，而且使公共利益受到了不同程度的侵害。为了规范共享单车管理，更好保障社会公民的公共出行利益和各利益相关者利益，从2017年至今，昆明市开始根据共享单车发展过程中出现的问题，针对性地出台了一些政府管理规章制度、实施办法，并不断进行完善，主要集中在政策引导、行业监管、基础设施配套、管理职能明确等方面，从而也保障了共享单车在昆明得以可持续发展。

本案例在分析共享单车在昆明发展历程的基础上，通过大量的实际案例，从不同方面分析、反映昆明市共享单车发展过程中带来的一些突出问题，进而梳理了昆明市政府不同时期针对存在的问题建立健全的相关管理规章制度，并对其产生的效果进行了评价。本案例是基于政府职能发挥、政府规制视角进行，通过对政府解决问题的措施、成效进行分析，让学生学习理解政府职能、政府规制的重要内涵，继而延伸讨论学习、理解利益相关者、可持续发展、公共物品等概念。

关键词：政府规制 共享单车 政府

7.1 引 言

随着共享经济和"互联网+"的飞速发展，许多新兴的出行方式应运而生，共享单车作为新兴的出行方式，其一经投放便引起了巨大的反响，有效地解决了地铁口、商场等地的换乘问题，有效解决了人们出行"最后一公里"的问题，契合了近年流行的绿色环保、低碳出行的理念，因此共享单车近年来在我国各个城市飞速发展。

在共享单车开始萌芽发展的情形下，2016年年底，第一辆共享单车进入昆明，在完成从无到有的跨越后，随后野蛮生长，时至今日，终于进入有序、健康的营运状态。共享单车在昆明的发展过程中，也带来了诸如乱停乱放、车辆损坏、投放比例失衡、管理服务不到位、配套保障不完善、交通安全隐患突出等一系列问题，这一定程度背离共享单车的初衷——补充完善城市公共交通，服务公共利益；另外，这也给城市治理带来一定的困难。共享单车在昆明发展中带来的问题，也引发社会各界关注，共享单车的治理刻不容缓，这些问题关乎共享单车的发展前景乃至整个共享单车市场的经济周期，也给当地政府治理、共享单车相关企业运营管理带来了新的挑战。

7.1.1 昆明共享单车发展概况

2016年12月，永安行"小蓝车"率先登陆昆明，随后两个月ofo"小黄车"和摩拜"小橙车"相继登陆昆明，形成三足鼎立的局面，开启了昆明市民骑共享单车出行的新时代。据相关统计，截至2017年1月底的统计数据，三家共享单车预计将在昆明投放20万辆共享单车。"小黄车""小橙车""小蓝车"的到来，极大地便利了市民的短途出行，游客也可通过共享单车对昆明进行"深度游"。

2017年5月，本土共享单车企业酷行的共享单车出现在昆明街头。2018年5月，滴滴出行旗下的共享单车品牌"青桔单车"在昆明举办启动仪式，意味着新一家共享单车车企登陆昆明；根据昆明市城市管理综合行政执法局审批，青桔单车首批将投放数量为4000辆。

2018年6月，根据昆明市城管局相关负责人在《昆明市共享单车运营服务管理实施细则（试行）》论证会上表示，截至2018年6月，昆明市共入驻了摩拜、ofo、哈啰、青桔4家运营企业，投放了25万多辆共享单车，注册用户达到400万。但事实上，昆明共享单车的数量远不止25万辆。在昆明市委组织的关于共享单车管理建言献策座谈会上，最先进入昆明市场的两家企业自报在昆明投放数量为：ofo投放了20万辆、摩拜投放了12万辆。根据哈啰单车2018年7月回应云南网记者的数据，哈啰在昆明的投放量超过10万辆。据不完全统计，截至2018年7月永安行、ofo、摩拜、哈啰等共享单车在昆明投放实际总数或已超过42万辆。昆明共享单车已经饱和，从2018年8月1日起，《昆明市共享单车运营服务管理实施细则（试行）》及《昆明市共享单车运营服务管理考核办法（试行）》正式施行，昆明将不再接受任何新的共享单车运营企业投放共享单车的申请。截至2018年年底，ofo因资金链断裂、在昆明市几家运营企业中考核垫底等原因，ofo小黄车将退出昆明共享单车运营管理考核。

2019年7月，昆明市城市管理局针对市民朋友的实际需求，向社会公开征求《昆明市共享单车运营服务管理实施细则（修订稿）》意见，拟定允许共享助力车进入昆明市场，前期计划投放6000辆供市民使用，市级监督管理部门将统一制作发放共享单车电子身份标签和牌照。根据《昆明市共享单车运营服务管理实施细则（修订稿）》的内容，重新定义共享单车的概念，共享单车是指共享单车运营企业用于经营目的投放的自行车（简称"共享自行车"）和电动自行车（简称"共享助力车"），确定昆明市共享单车投放总量控制在20万辆以内。《昆明市共享单车运营服务管理实施细则（修订稿）》也明确表明，除现有正在运营的品牌外，不接受其他品牌共享单车运营企业在昆明市投放共享单车的申请。共享单车企业因经营不善等原因倒闭、破产、重组的，其运营的单车品牌须退出昆明市。

2020年年底，根据2019年11月发布的《昆明市共享单车运营服务管理实施细则》，在昆明运营几年后，对于车辆性能不好的、车身上有广告、车身不洁过旧的这部分车辆，要求企业把问题车回收到仓库修缮整改以后，再根据企业的整改情况决定是否重新投放市场，要求在2020年年底将投入市场的18万辆共享单车减少到9万辆。

2021年7月，延续2020年的相关政策，据相关消息显示，昆明共享单车总量减少至12万辆，未来总量将不超过9.5万辆。在2021年7月，昆明街头除了大家熟悉的青桔、美团、哈啰3家共享单车外，还有少量其他品牌的共享单车。昆明市城市管理局约谈昆明多家共享单车企业，要求在昆明违规投放共享单车的企业尽快回收车辆。在对昆明共享单车进行减量的过程中，昆明市城市管理局发现云游畅行、筋斗云、阿拉丁等多个品牌，在未经审批的情况下，违法违规在昆明投放共享单车。据昆明市城市管理局市容秩序管理处相关部门负责人介绍，有的品牌在大学校园里投放，学生骑出校园之后没有人监管回收。还有的品牌没有经过审批，直接投放在市政道路上。截至2021年7月，只有青桔、美团、哈啰3家共享单车企业通过了昆明市城管局审批，可以在昆明合法运营。除此之外，其他品牌的共享单车均属于违法违规投放，昆明市城管局要求违规投放的企业自行回收车辆。如果企业拒不回收，昆明市城管局将聘请第三方公司对违规投放的车辆进行统一回收。2021年，昆明市对投放市场的共享单车进行了控量大清理。

采取了各种管理措施和手段后，昆明共享单车的数量已经从2018年高峰期约45万辆，减至2022年维持在13万辆以下。在2022年的全市共享单车专项整治行动中，截至2022年8月，昆明市城市管理局新增规划施划共享两轮车泊位、停车点1.5万个，共清理、挪移保管车辆26 755车次，涉及20家运营公司。

7.1.2 昆明共享单车带来的问题

共享单车有效解决了公共交通"最后一公里"难题，并且更好地满足公众出行需求，在缓解城市交通拥堵、构建绿色出行体系等方面发挥了积极作用。但随着昆明街头投放的车辆越来越多，车辆大量堆积、城市公共空间被侵占等不良现象也给管理者带来了新的挑战。共享单车进入昆明之后，城市街头随处可见"小黄车""小橙车""小蓝车"的身影。共享单车的出现，丰富了城市公交系统的服务内容，解决了市民出行"最后一公里"的问题。但随着推广规模的不断扩大，车辆不按规则通行、乱停放等不良行为，也给城市管理带来了一些问题。

根据记者马骞于2017年1月10日的采访调查，其在中国新闻网发表了《多家共享单车进入昆明 问题凸显"很受伤"》的新闻报道。报道指出除存在市民找车难以外，共享单车"被私有化"更让市民和共享单车运营商头疼，目前投放的共享单车中，有的被市民骑回家或停小区里；有的被人用铁链锁起来藏进绿化带；有的被人为刮坏车上二维码、车架号等，不少共享单车成了"私人专车"。

根据记者徐前于2017年4月11日在人民网发表的文章《昆明共享单车：入驻四月超十万辆 行业呼吁准入标准》，在共享单车的使用中，出现了很多不好的现象，如根据运维人员晚师傅和郑师傅回收损坏的单车时发现，在盘龙江一城中村段，不足百米的河道中多辆小黄车泡在江里；盘龙江边的环卫工尹阿姨也反映，自己好几次亲眼见到小孩将单车扔进盘龙江,"这些小孩太不应该了,好好的车辆不珍惜,用完就扔到江里,旁人劝都劝不住,大人都不在身边,没人管他们";被损坏的单车,其中大部分是锁坏了,另外就是手柄断、座椅没、钢圈断、被喷漆、编号或者二维码被损坏,其中大部分是人为损坏的。当然,运营企业方面表示不存在恶性竞争,将会加强管理和维护,确保车况良好,进一步规范停车区域;面对凸显的问题,企业呼吁建立行业准入标准。

乱停乱放乱弃,堵塞各类通道,即使派人清理,也赶不上共享单车发展的速度,这既影响居民的居住环境,也存在极大的消防安全隐患。据2017年7月25日的记者调查,有以下普遍两种情况。现状一是共享单车拥堵闹市区,记者来到南屏街,发现几乎所有步行街口都挤满了共享单车,其中最多的是黄色的ofo和橙色的摩拜单车。在南屏步行街西口,共享单车一排接着一排停放,堵住了人行道入口,只留下一条狭窄的通道。"现在这个口大约有200多辆共享单车,到周末更多,几乎把路都堵死了。"昆明市五华区城市管理综合行政执法局市容科科长说,现在ofo和摩拜公司都会派人在各个点清理乱停乱放,但清理的速度远远赶不上停放的速度。王女士告诉记者,不止南屏街,在青年路、金碧路、东风路、一二一大街以及红会医院、昆医附一院附近乱停乱放现象也非常突出,几乎把人行道和盲道都堵满了。现状二是非划线区域乱停现象严重,据了解,从2016年年底共享单车进入昆明,到目前共有ofo、摩拜、永安行、酷行4家共享单车运营企业,投放整个昆明的市场量大约有16.3万辆,按照各个企业的推广计划,这个数量还将不断增加。加上居民自己的非机动车,全市非机动车量超过200余万辆。为满足居民停放非机动车辆的需求,根据《昆明市关于规范共享单车管理的实施意见》,五华区各职能部门大力开展非机动车停放划线工作,在适合区域划定免费非机动车停放点位,为市民提供停放地点,解决非机动车停放需求。仅五华区就划定了非机动车停放点2000余个,现在还在不断扩充之中。"但非机动车乱停乱放等问题十分突出,特别是共享单车随意停放随处可见,这严重影响了市容市貌和交通环境秩序。"昆明市五华区城管局副局长季冬表示,现在每个路段都有文明志愿者对骑行人进行劝导,并将乱停的单车移动到规范位置,据了解,现在南屏街一带每天安排了100人左右,专门清理乱停乱放。"但收效并不好,也不是长久之计,关键还是骑行人要文明停车,停到划线的免费停车位。"季冬说。ofo、摩拜共享单车市场运营部门负责人均表示,他们在APP上均设立了违停举报、大数据监控等手段,通过扣除信用积分来督促骑行人文明停车,但收效甚微。

根据刘嘉2018年12月24日在云南网的《被大量张贴支付宝红包二维码 昆明共享单车遭"黑"》报道,不少单车车身被张贴支付宝红包广告,影响市民正常用车。据记者对菊花村公交车附近的共享单车停放处调查,只见这里停放的哈啰共享单车扫码开锁器和车筐两处都被贴上了一张红彤彤的支付宝"扫码领红包"二维码广告,部分车辆开锁器上的开锁二维码还被张贴纸遮挡住。记者数了数,70多辆共享单车中,竟有60多辆被张贴了支付宝红包码。而市民也反映,这种行为影响骑行、影响市容,还要担心被不法分子利用、上当受骗。

2019年10月25日昆明日报刊登了《要么扎堆街头眠 要么孤独路边躺 时不时还叠罗汉 共享单车乱停放煞风景又挡道》的报道。经过反复整治与规范,昆明街头共享单车的停放较之前段时间有了明显的改观。但是街头一些小区、路段仍然存在共享单车乱停乱放的现象。昨日,记者在走访中看到,有的共享单车要么被随意丢弃在背街小巷,要么乱停乱放,既煞了风景又阻挡了行人的通行。对此报道,记者分别于10月24日对昆明市区教益路、银梭路、小康大道、盘江西路、护国路等路段的共享单车停放情况进行了调研。在教益路边的人行道上,一排"小蓝车"停在了没有停车标志的地方,停放得也不够整齐,跨过绿化带,在一个配电箱旁边则横躺着两辆已经损坏的"小黄车"。"小黄车"的周边散布着纸屑、塑料袋、易拉罐等垃圾,这里显然已经成为一个路边的卫生死角。附近的居民郭女士告诉记者,"小黄车"丢弃在这里已经有一段时间了,一直没有人来收走。继续前行,在莲华池畔小区的共享单车不是密集停放就是乱停乱放,人行道上、绿化带旁散落着横七竖八的共享单车,这些共享单车有的杂乱地扎堆在一起,有的个别车辆单独出现在道路上,影响了小区的宜居环境和行人的通行。在银梭路、小康大道路段的人行道上,不同程度存在共享单车乱停乱放现象,特别是两条路段交叉处的绿化带上,还随意堆放着十余辆共享单车。"虽然每条道路上都设置有非机动车停车位,但是依然容不下共享单车的停放,并且会有部分骑车人为方便随地摆放。"住在附近的商户告诉记者,银梭路靠近商户铺面这边的人行道上并没有画停车线,但是一直停有共享单车和电动车,停的人多了,停得久了,自然就有其他人跟着停上去,甚至还有人把车整成叠罗汉,还把盲道也占了,最后只留下很窄的路面供行人通行。一些人流量大的地方也依然存在着共享单车随意摆放的现象。在盘江西路两边的人行道上一些没有画停车线的地方,依然有共享单车随意停放,大多靠在路边的景观树坛里。此外,在护国路交通银行门口的路段也停满了共享单车和电动车。记者看到现场的非机动车停车位都被电动车占满,共享单车只能"硬塞"进去,停不进去的就都停到车位外面,整条人行道有一半路面被占。"如今骑自行车和电动车的人越来越多,虽然有利于大家的出行,但是就有限的城市公共空间而言,车越多越难管。"路边的车位管理人员告诉记者。"共享单车给大家提供了出行方便,使用和停放也需要大家自觉,乱丢乱甩的人多了,光靠营运公司和有关部门是规范不了那么多的,文明城市的创建需要人人参与,整个环境整洁干净清爽了,看着心情都要好些。"采访中,不少市民表达了共同的心声。

2020年4月22日,昆明日报刊登了《昆明共享单车乱象曝光:公交站台成了共享单车停车场》的报道,共享单车的出现解决了市民出行最后一公里的难题,但随之引发的乱停乱放现象屡见不鲜,记者走访市区发现,在公交车站台、行车道、人行道、盲道上,共享单车"见缝插针""叠罗汉"等"任性"行为仍是城市管理的"痛点"。共享单车挤占公交站台,在大观路原四十三医院门口公交站台处,记者看到数十辆共享单车"叠罗汉"式地堆放在站台内,旁边等车的市民只得站在行车道上等候公交车,而当公交车驶入站台时,原本就不宽的道路变得更加拥挤,如果对向来车,还会造成短时拥堵;"不是一天两天这样了,能把车放到站台这里堆着的都算好的,有的就是直接乱丢在旁边的人行道上,晚上出来必须得小心翼翼地走。"家住附近的市民梁先生说。在前兴路广福小区公交车站台里,共享单车的停放显得更加"任性",站台的两端不仅被各品牌共享单车挤占,10多辆共享单车还歪歪倒倒停到了机动车道上,导致公交车根本进不了站,只能在路中间停车,而乘客则只有绕道走到行车道上等车,一定程度上造成了市民乘车的不便,增加了安全隐患;"早上的时候,那些赶着上班换乘的小年轻经常把车骑过来乱丢着就跑了，也没人管，久而久之就成习惯了。"市民廖大爷告诉记者，他经常看见有人乱停车，开始他也会说两句，时间久了他也没办法。"有时也能看见一些社区志愿者过来整理，但毕竟人家不可能天天来，我们这些要在此坐车的居民也很无奈。"共享单车扎堆停放医院门口，昆华医院作为全市重点综合性医院，每日人流量都在上万人次，加之医院位于市中心，人流、车流非常密集。就在原本道路资源紧张的情况下，记者发现医院体检中心门口的人行道却被数十辆共享单车占用，人们只能擦身而过。"之前这些单车都是乱停在医院出来的人行道上，那时候也是非常杂乱，前段时间不知道什么原因移到了这里，因为单车数量多，大家又不认真停放，这一片看上去总是乱麻麻的。"一位负责此地卫生的保洁员告诉记者，2020年"创文"期间曾看到过共享单车相关公司人员来此整理单车，但都是各家管各家，放完自家的单车就走了。记者体验共享单车停放过程中发现，大部分共享单车的App都会提示用户不要将车停在禁停区域，但共享单车乱象依旧不断出现。

据2022年11月11日开屏新闻客户端新闻报道《市民反映昆明这里停放大量共享单车影响交通，官方回复……》，此前有网友反映，五华区昌源北路ME公寓门口经常停放大量共享单车，占据机动车道，阻碍交通。网友反映"共享单车停放阻碍交通"一事，昆明市五华区黑林铺街道办事处11日回复表示：已要求各共享单车企业严格按照相关要求进行车辆投放，对多余车辆及时进行清运。

除上述共享单车登录到昆明以来的一些突出问题外，其实还有其他如交通安全隐患、不正当竞争方面的问题。据相关新闻报道，儿童违规骑行共享单车的事件屡见不鲜，违规骑行共享单车带人、运物的情况时有存在，2022年7月还发生哈啰电单车昆明城市负责人破坏美团70辆共享电单车坐垫的情况。昆明的共享单车能否更好地与城市共享未来？这是我们需要认真思考的问题。

7.1.3 昆明市共享单车的政府规制

共享单车在昆明的飞速发展，给政府治理带来了众多难题；昆明市政府结合不同时期昆明市共享单车发展情况及存在的问题，及时、因地制宜地制定出相应的政策措施，不断加强政府规制与政策创新，从而为昆明市共享单车的健康、可持续发展保驾护航。

7.1.3.1 鼓励默许，为共享单车入驻提供条件

在2016年共享单车作为新兴事物入驻昆明以来，昆明市政府初期本着对创新事物的包容，采取鼓励市场自由发展的态度，因此没有对在昆共享单车企业做约束，对入驻审批比较包容，没有过多的行政干预，秉持鼓励默许共享单车入驻昆明的态度。继永安行"小蓝车"率先登陆昆明后，ofo"小黄车"和摩拜"小橙车"相继登陆昆明，形成三足鼎立的局面。这段时间共享单车在全国也才刚迅猛发展起来，各个地区、城市也鲜有成熟的监管措施和治理方案。

7.1.3.2 先行先试，开始制规管治

自2016年共享单车进入昆明之后，在2017年中，昆明市的共享单车得到了野蛮式

的增长。2017年8月2日，交通运输部联合十部委发布了《关于鼓励和规范互联网租赁自行车发展指导意见》，此后再也没有颁布有关管理规定和办法。共享单车企业抓住"非禁即入"的政策漏洞，在没有严格处罚措施的情况下，超投、违投现象屡禁不止。据不完全统计，截至2017年年底，在投放高峰期，全市共有4家企业投放了约45万辆共享单车。城市街头随处可见"小黄""小橙""小蓝"的身影。据相关负责人介绍，昆明市当时至少违投了几万辆，特别是有的企业为了利益最大化，投入的管理力量明显不足，导致停放、调度不及时，影响市容、交通秩序。一段时期内，共享单车疯狂而无序的发展，给昆明城市管理造成极大压力：共享单车在道路两侧随处停放，行人寸步难行，就连盲道也被侵占；为了挤占市场，公交站台、大型商超、地铁出入口成为共享单车抢占地盘的"主战场"，车辆侵占空间，路人无路可行；本应停放在线框内的单车，被乱停乱丢在二环高架上、机动车道中、水塘里……与此同时，一些小型共享出行企业见势加入，使行业乱象丛生。

国家层面的由交通运输部联合十部委发布的《关于鼓励和规范互联网租赁自行车发展指导意见》刚发布不久，在实际管理中还缺乏相应的依据和经验。昆明市行业主管部门开始了"先行先试"的探索。根据交通运输部联合十部委发布的指导意见，根据《中华人民共和国道路交通安全法》《住建部、发改委、财政部关于加强城市步行和自行车交通系统建设的指导意见》《昆明市市容和环境卫生管理条例》等法律法规，结合实际情况，昆明市城市管理局于2017年11月16日制定发布了《昆明市关于规范共享单车管理的实施意见（试行）》，组建了共享单车指挥平台，要求企业入驻以加强对共享单车的监督管理，随时反馈共享单车问题至运营企业并及时解决；《昆明市关于规范共享单车管理的实施意见（试行）》文件中，以"合理配置城市公共资源、推进共享单车规范管理、维护城市环境"为目的，以"低碳智能、便民利民""市级统筹、属地管理""市场引导，合理配置"为原则，对共享单车的一系列问题做了规制，具体为对共享单车停放点、停放管理等社会秩序问题，运营企业、共享单车车辆、使用者、第三方服务等运营管理问题，责任分工、执法处罚、宣传引导等保障机制进行了规制。该制度的颁布实施取得了一定的效果，但是，因高位统筹不够，管理资金和人员投入不足，服务不到位，政府相关职能部门间未形成合力，相关职能部门对新兴事物职责不明确，存在相互推诿、互踢皮球的现象，对共享单车的规范管理缺乏集智、共谋、齐治，部分措施流于形式不能落到实处。

在对市民的宣传引导上，相关业务主管部门也积极作为。2017年8月12日，昆明市城管局、昆明市网络文化协会、昆明信息港联合摩拜单车发起昆明首个《共享单车文明停放倡议》，倡导广大市民文明、规范使用和停放共享单车，共同维护安全有序的交通秩序和市容市貌，助力文明城市建设。

7.1.3.3 严格准入限制，细则指导性强

虽然2017年11月发布了《昆明市关于规范共享单车管理的实施意见（试行）》但还存在问题：一是共享单车运营企业为抢占市场，无序投放；二是高位统筹不够，政府相关职能部门间未形成合力；三是共享单车企业运营管理服务不够完善；四是对企业收取的

押金监管困难管理资金和人员投入不足，服务不到位。针对这些问题，2018年，昆明市又提出了先控单车总量，再定管理细则、考核办法，加强考核结果运用的政策规制思路，严格控制共享单车在昆总量。2018年7月20日，昆明市颁布了《昆明市共享单车运营服务管理实施细则（试行）》，同时，为了贯彻落实这一实施细则，明确责任主体和奖惩，随后又出台了《昆明市共享单车运营服务管理考核办法》。明确了考核内容，包括5方面内容，具体为运营、人员、车辆、服务、社会评价。考核者也发生实质性变化，其主体是第三方的评价机构，目的是做到充分的客观、公正。依据《考核办法》，在考核结果应用上设定了处罚和奖励。《细则》的发布，最大的亮点是确定昆明市共享单车投放总量为25万辆至30万辆之间，自2018年8月1日起，不再接受任何新的共享单车运营企业在昆明市投放共享单车的申请；已在本市运营的共享单车运营企业组织旧车淘汰、新车投放等，必须严格报备。

7.1.3.4 管理日益规范，治理效果提升

2019年11月6日，昆明发布关于印发《昆明市共享单车运营服务管理实施细则》的通知，旨在督促提升服务管理，对共享单车管理原则及分工，运营维护责任，车辆投放、停放，车辆运维、调运，运营服务，监督考核，文明使用等作出明确说明。与试行《细则》不同的是，本次发布的《细则》对适用范围，共享单车使用人及电子围栏、停放点设置，企业投放的车辆定位，车辆的投放、停放管理，车辆的运维、调运管理等方面进行了修改。具体为：一是适用范围修改，将共享助力车纳入管理规范中。二是对企业投放的车辆定位作了要求，助力车的定位要比现运行的共享单车定位更加准确，必须保证在米级范围内，以便于市民使用后，能按要求停放在电子围栏区域内，以科技来规范停放。三是在车辆的投放、停放管理作了修改，综合考虑昆明市的客观情况，确定昆明市共享单车投放总量控制在20万辆以内。已在本市运营的共享单车运营企业组织旧车淘汰、新车投放等，必须严格报备。四是对车辆的运维、调运管理进行了修改，运营企业应当组建专业运营维护团队，每200辆共享自行车至少配置1名维护人员，每150辆共享助力车至少配置1名维护人员。五是对部分运营服务管理条款进行了修改，规定运营企业禁止向未满12周岁的未成年人提供共享自行车注册服务，禁止向未满16周岁的未成年人提供共享助力车注册服务，车身应当设置明显的禁止标识，更加重视安全要求，要求投放企业要为用户购买人身意外伤害保险和非机动车第三者责任险，并公示用户使用中发生伤害事故的责任认定程序、理赔程序、赔偿范围，用户骑行发生伤害事故时，企业积极协助进行办理。该制度的颁布实施，进一步明确了相关工作举措，解决了一些前期遗留下来的问题。

为了加强昆明市共享单车行业管理，规范企业运营服务管理行为，提高管理水平和服务质量，2020年6月5日，昆明市印发了《关于印发昆明市共享单车运营服务管理考核办法（试行）的通知》，进一步规范了共享单车营运服务管理考核工作。

2021年1月5日，昆明市发布了《关于昆明市共享单车运营服务管理实施细则有关内容进行补充完善的通知》，对2019年11月发布实施的《昆明市共享单车运营服务管理实施细则》进一步补充完善。按照此《通知》，在昆运营共享单车企业将成立统一管理机

构负责无证车辆回收、检查企业及运维单位单车停放秩序等工作。同时，每家企业只能确定一种主流车型在昆投放，其余车型即日起将进行回收。《通知》中明确，共享单车企业须加强车辆电子围栏建设和管理，提高定位精准度，做到可实时监控管理。要根据各区域、节点单车使用量，科学分布设置电子围栏，避免出现车辆区域性堆积或无车可用的两极分化现象。《通知》规定，车辆必须设置人性化语音提醒功能，对即将驶出电子围栏区域的，提醒用户及时停止用车，就近（在电子围栏区域内）还车。对仍继续骑行的，及时进行技术性断电处理，并语音提醒用户将车辆还至非机动车停放区内。不鼓励、不支持以超范围为由多收取调度费；特殊情况下，因用户不顾安全规定，将车辆驶入高架、快速通道、高速路出入口等危险区域，或将车辆停放在机动车道，严重影响他人安全的，可收取高额调度费以示警告，企业应将其列入信用黑名单，6个月内禁止其再次使用共享单车。按照《通知》，昆明将成立共享单车统一管理机构，逐步建立电子监管平台，采用交叉闭环式监督，并实行无差别化维护。市城市管理局将统一接入3家共享单车企业数据平台，在保护企业数据、用户信息安全基础上，做到实时、动态、透明化掌握共享单车运维情况，以加大监管力度，严格规范市场秩序。《通知》还对落实主体责任、加强服务保障等内容进行了完善，其中规定，昆明市主城区共享单车投放业务不允许实行代理制，必须由允许入驻的企业实施直营模式，以防止出现多头管理、无序乱投车现象。在昆运营的共享单车企业必须明确一名城市经理统筹管理共享自行车和共享助力车，确保政令畅通、指挥有序。同时，结合昆明市骑行周转高、可骑行天数长、企业收益高、管理运维人员劳动强度大的实际，《通知》要求各企业适当提高昆明市管理及运维人员工资待遇，以稳定运维团队，实现车辆高效运维调度。本制度的颁布实施，进一步细化、补充了相关措施，有效解决了前期的一些问题。

自2016年以来，昆明市秉承"包容审慎、因城施策"的原则，以适应共享单车在昆明的发展和管理需要，积极发挥政府职能，每年补充修订相关管控措施，建立健全了多项共享单车治理相关制度，持续细化与严格落实共享单车管理举措，多措并举下，昆明共享单车停放秩序混乱、投放比例失衡、管理服务不到位、交通安全隐患突出等问题明显好转，社会治理效果大大提升，6年时间创建出共享单车管理"昆明范本"。昆明市共享单车为城市交通发展带来了新的活力，为市民提供了更加便捷的出行选择，其低碳、环保的出行方式也无形中较好地融入昆明宜居、环保、低碳的理念中。

结束语

昆明是最适宜骑行共享单车的城市之一，自2016年年底共享单车投放昆明以来，共享单车较好地契合了城市的绿色发展理念和市民的需求，共享单车在昆明落地生根。自2017年以来，昆明市针对共享单车迅猛发展所带来的停放秩序混乱、投放比例失衡、管理服务不到位、交通安全隐患突出等一系列问题，昆明市政府及时建立健全相关管理制度，解决、改善了很多问题，从而也保证了共享单车在昆明得到可持续发展。

通过上述分析也可以看出，共享单车治理需要通过市场、政府和公众的协同治理，构建公共服务"市场主导、政府监督、民众参与"的模式。在对共享单车的治理中，昆明市政府较好地发挥了职能作用。但仍然要保持高度警惕，如规制约束效果不佳、管理部门间协调配合不够、多头管理过度、配套措施保障不足等问题，还需要切实的进一步解决和落实。昆明市政府在未来的共享单车治理中，也还需要从创新规制理念、完善规制法律、创新规制方式、强化规制保障等方面着手，努力提升规制的效率和水平，进一步提高城市共享单车管理效果，让共享单车与我们的城市共享未来。

7.2 案例说明书

7.2.1 课前准备

（1）准备案例材料，每位同学一份。
（2）收集最新的共享单车政策资料电子版材料发给学生。
（3）根据学生人数设计学生分组办法。

7.2.2 适用对象

MPA在读一年级研究生，从事公共管理的政府及社区治理人员等。

7.2.3 教学目标

共享单车是为解决城市公共交通中最后一公里问题而生的，其诞生之初获得了非常多的赞誉，但是也经历了无序发展，给城市管理带来了困难。本案例在分析共享单车在昆明发展历程的基础上，通过大量的实际案例，从不同方面分析、反映昆明市共享单车发展过程中带来的一些突出问题，进而梳理了昆明市政府不同时期针对存在的问题建立健全的相关管理规章制度，并对其产生的效果进行了评价。本案例是基于政府职能发挥、政府规制视角进行，通过对政府解决问题的措施、成效进行分析，让学生学习理解政府职能、政府规制的重要内涵，继而延伸讨论学习、理解利益相关者、可持续发展、公共物品等概念。

7.2.4 要点分析

共享单车在各大中心城市迅速兴起，共享单车秉承了移动互联时代的"共享"理念，在盘活大量闲置资源的同时，解决了消费者出行最后一公里问题，有效弥补了传统城市公共交通系统的不足。共享单车的便利性在于可以自由停放，然而正是这一点却带来了乱占道，阻碍交通等问题，并降低了出行效率，同时破坏了市容环境。因此如何平衡共享单车的便利性与随意停放带来的外部性，则是制定监管政策的核心。

（1）因地制宜进行妥善规划

考虑到每个城市区域的交通特征和建筑物布局有不同特点，故而不能制定一刀切的监管政策。而应把监管职能下放到每一个有不同交通特征的地方，因地制宜的制定适合本地区域特征的监管政策。值得一提的是，在制定网约车监管政策时，制定细则的权限下放到了每一个城市。共享单车的便利性与负外部性在同一座城市的不同区域表现出更多不同特点，因此，监管细则不仅要下放到每一个城市，更需要下放到每一个城市的每一个城区，甚至每一条街道。对于公共空间领域比较大，人口密度比较低的区域（如大学城）应适当放宽共享单车投放量；而对人口密集的中心城区，如商业中心等则应适当加以限制，并对停放地点进行合理布局与严格限制。

（2）投放指标应对各个共享单车企业采取公开透明招标措施

当共享单车运营数量增加到一定程度后，负外部性逐渐凸显。在出行消费者福利增加的同时，给其他市民带来的外部性则迅速上升。任由相互竞争的共享单车企业以其利润最大化为目标来决定投放数量，很大程度上会偏离全体社会成员福利最优化的数量。因此，与传统交通工具类似，应对其投放数量加以限制。在具体投放数量上应综合城市区域现有特征，未来规划，其他交通工具的使用频率，现有单车存量与损坏率等综合加以制定。

（3）城市交通部门与共享单车企业协同监管

共享单车企业本身以追求利润为目标，因此应当为其负外部性承担监管成本。考虑到共享单车的大数据特性，单车企业往往拥有比城市公共交通监管部门更全面的信息，这意味着更有效的监管在于单车企业和监管部门的高效协同。同时，应当鼓励各共享单车企业开发定点停放技术，在各个区域单车投放量上应对制定更合理的停放技术与标准的企业给予更多配额。

（4）不应对单车细节和使用者做过多干预

共享单车是在"互联网+"背景下出现的新型城市交通方式，是移动互联、大数据等新技术条件下的新生事物。技术创新具有较强的不确定性，过度监管则会扼杀未来可能的技术创新。政策过于详细且对单车使用自由度进行干预，并非妥当的监管政策。监管政策应当重在引起负外部性的公共领域，而不应对具体的消费者选择做过多干预。共享单车的优势正在于其灵活性和便利性，如果对使用细节做过多干预，则会降低共享单车带来的社会福利改善。

7.2.5　课堂安排

课堂教学开始时，授课教师要对案例做简要介绍，观看相关视频及图片内容，让同学们更加直观清晰地了解事件发生的过程，时间控制在 10~15min。

教师提出本案例研究的主要问题，同学们可围绕问题进行讨论，分析问题（其间可发掘其他问题），提出解决方案。理清事件中的利益主体、分析政府监管过程中存在的问题、事件产生的原因及影响，最后进行评价并总结。

小组讨论环节结束后，邀请小组代表在全班面前陈述本小组的主要观点和解决方案，并鼓励其他小组成员进行补充。在班级汇报过程中，教师及时进行归纳整理。

在学生进行充分讨论的基础上，授课教师对本案例内容及主要问题进行归纳总结，对同学们仍有疑虑的问题进行详细解答。

参考文献

马骞，2017. 昆明：共享单车"很受伤"[J]. 时代风采(3)：2.

张勇,杨茜,2022. 市民反映昆明这里停放大量共享单车影响交通,官方回复[N]. 春城晚报.

孙国雄,翁维,朱晓媛,2019. 共享经济在昆明市的发展研究——以 ofo 共享单车商业模式为例[J]. 市场周刊:商务营销,(018):1-6.

余波,谭杰,吴健燕,2018. 云南省共享单车管理优化方案——以昆明、玉溪为例[J]. 区域治理(50):2.

思考题

1. 简述公共政策的特征。
2. 简述公共物品的定义及共享单车属于公共物品范畴。
3. 简述共享单车相关利益者。
4. 简述政府规制的内涵。
5. 简述昆明市共享单车管治的建议。

案例8

"幸福城"里的"不幸"与"幸"
——昆明"别样幸福城"烂尾楼项目的治理实践

(杨学英)

摘要：本案例描述了昆明"别样幸福城"一度成为"网红烂尾楼",基层政府积极介入采取各种治理措施,保障业主合法利益的治理实践,实现了由"不幸"到"幸"的路径转变。2020年5月,陆续有50多户业主,因经济压力搬进烂尾楼居住。烂尾楼里没水没电没气,住户用雨水洗脸,晚上依靠太阳能灯照明。其间多次发生群体性事件,在基层政府的大力疏导和整治下,昆明"别样幸福城"七年后复工建设,搬进烂尾楼的住户也得到妥善安置,通过各方的积极行动,该楼盘也成功交付。基层地方政府在该烂尾楼项目治理中充分运用"自救""人民至上""共治"等现代化治理理念,成功实现该项目"复活"。对于业主来说,遭遇烂尾楼工程实在是一个不幸的事件,万幸的是,在基层政府及其相关力量的共同治理下,"别样幸福城"重整了幸福之路,保障了相关主体的合法利益,群众遇到的"急难愁盼"问题得到有效解决。

关键词：烂尾楼　处置　项目治理

8.1 案例正文

引　言

烂尾楼是指已办理用地、规划手续,项目开工后,因开发商无力继续投资建设或陷入债务纠纷,停工一年以上的房地产项目。"别样幸福城"项目是昆明市18个"烂尾楼"项目之一。"别样幸福城"位于昆明南市区巫家坝CBD核心区,是官渡区上苜蓿村城中村改造项目。项目占地约390亩,涉及9个地块,除9号地块为公共绿地外,其余8个地块为居住用地或商业用地。"别样幸福城"项目成为烂尾楼后对城市形象造成了一定影响,打击了投资的信心,也在一定程度上对购房者的合法利益造成伤害,引发社会矛盾和问题。该烂尾楼项目具有负债比例高、群体利益广、矛盾分歧大、推进时间长等特点。

8.1.1 引发热点关注

2020年7月中旬,新浪官微"@梨视频"推送2分12秒的视频,称昆明"别样幸福

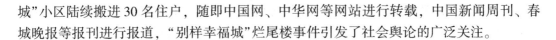

城"小区陆续搬进 30 名住户,随即中国网、中华网等网站进行转载,中国新闻周刊、春城晚报等报刊进行报道,"别样幸福城"烂尾楼事件引发了社会舆论的广泛关注。

8.1.2 项目基本情况及存在问题

"别样幸福城"项目位于官渡区关上街道巫家坝片区,东至原昆明巫家坝机场、南至点睛茗苑小区、西至枧槽河、北至春城路,由昆明晓安拆迁经营有限公司(暨佳达利房地产公司,以下简称"晓安公司")开发。自 2014 年以来,晓安公司因经营管理不善、偿还高额贷款利息、自行低价签订团购合同、风险控制不佳等多重因素影响,导致该项目资金链断裂,成为"烂尾楼"。该项目于 2012 年 4 月 28 日取得国有建设用地使用权规划条件,总用地面积约 391.5 亩,净用地面积约 300.33 亩,总建筑面积 $89×10^4 m^2$(其中地上 $63×10^4 m^2$、地下 $26×10^4 m^2$),容积率≤3.16,建筑密度≤19.12%,绿地率≥46%,共有 9 个地块,除 9 号地块为公共绿地,其余 8 个地块为居住用地及商业用地。截至事件发生时,1、2、3 号地块安置村民共 314 户,已完成交房;4、5 号地块为商品房及商业写字楼,分别由中铁建设集团有限公司、江苏中兴建设有限公司承建(以下简称"中铁公司""中兴公司"),其中,4 号地块涉及业主 1315 户,建筑主体已封顶断水,处于停工状态;5 号地块涉及业主 833 户,2016 年以来业主筹资工程款,实现复工建设,已办理接房 709 户,完成部分交房;6、7、8 号地块尚未开工建设,经晓安公司申请,已于 2018 年 10 月将商业用地性质部分调整为住宅用地性质。项目配套建设含基础道路、小学和幼儿园、派出所、垃圾中转站、生鲜超市、社区用房及公共绿地。

作为"烂尾楼"工程,该项目存在的问题主要有:

(1) 合同纠纷化解困难

2016—2019 年中国信达资产管理股份有限公司云南省分公司(系晓安公司最大债权人,以下简称"信达公司")、中铁公司、中兴公司先后分别向省高院、市中院申请预查封项目住宅,用于偿还债务和工程欠款。而预查封的部分住宅及车位为单位团购和零星销售,晓安公司在 2016 年已收取房款或定金(购房者仅持有房款收据),但未与购房者网签《商品房购销合同》及进行网上合同备案。

(2) 项目开发资不抵债

由于晓安公司不配合开展债权债务情况调查,区政府对项目债权债务准确情况尚不掌握。根据区城市更新改造工作局测算、信达公司出具的尽调报告,该项目有效资产估值约为 $11.5×10^8$ 元(含未开发地块估值 $6.3×10^8$ 元),负债估值约为 $17.6×10^8$ 元(含工程欠款约 $6.4×10^8$ 元、信达公司债权 $6×10^8$ 元、税费 $4×10^8$ 元、政府垫付过渡费 $0.83×10^8$ 元,未含政府前期投入公建配套设施建设费用)。

(3) 信访维稳压力突出

由于工程停工,4 号地块商品房一直逾期未交付,1315 户业主未按时入住、落户、子女入学受影响,引发业主多次到省、市、区集体上访。

(4) 政府承担过渡安置费

昆明铁路枢纽扩能改造工程拆迁、地铁 3 号线项目在拆迁中,选择该项目 303 套商品房进行房屋产权置换，因项目停滞，未按时交付入住，自2016年1月起一直由区政府垫资支付过渡安置费8284.38万元（每年约1841.2万元），财政资金压力大。

（5）公建配套建设滞后

该项目涉及10项公建配套建设资金1.1亿元，已纳入项目土地一级开发成本，并拨付给开发企业用于配套项目建设。截至2020年8月初，除派出所、小学、幼儿园（政府出资）已建设完成并移交使用，其他公建设施尚未建设或局部建设。

（6）项目存在安全隐患

晓安公司由于拖欠消防、绿化、水电气、太阳能等各项工程款，消防、电梯等设施均未正式验收，但1、2、3、5号地块业主已经入住，存在极大安全隐患，亟须解决。

8.1.3 项目进展与应急治理

自该项目成为"烂尾楼"工程以来，官渡区党委、区政府一直推进化解烂尾问题，积极督促晓安公司切实履行主体责任，搭建沟通平台，协商处理信访维稳、项目接盘、民生保障等具体工作。具体应急处置工作分为两个阶段。

8.1.3.1 前期工作及治理措施

（1）加强统筹，积极应对

区委、区政府迅速成立官渡区上苜蓿村"别样幸福城"项目稳定和发展工作协调领导小组，城改、住建、税务、司法、政法、街道等部门主动作为，就项目复工、尽职调查、信访维稳等方面开展专项工作，召开10余次专题会议，开展现场调研，研究6号地块控详规调整、闲置土地处置、缓缴教育配套费、协调中铁公司复工、相关税费核定、筹措资金保障过渡费、消除安全隐患、维护社会稳定等相关工作。市委、市政府高度重视"别样幸福城"烂尾项目处置工作，多次作出批示，分管副市长3次召开专题会议研究存在问题、处置思路、明确部门责任，市区联动开展处置工作。

（2）搭建平台，及时化解矛盾纠纷

深入一线做好信访维稳，区委、区政府领导主动召集行业主管部门参与业主现场接访，属地街道做好解释疏导，未发生大规模的群体性冲突或人员伤亡情况。多次组织业主筹资工程款，组织召开5号地块业主代表见面会，协调解决供电基础设施建设、自来水、煤气设施安装问题，经多方协商，成立共管账户，筹集2092.5万资金对5号地块复工建设。大力推进4号地块复工，区政府分管领导带队到北京与中铁公司总部分管负责人沟通协调，邀请双方参加专题会议共同协商，但双方对工程量核定、款项支付、工程质量等事项存在较大争议，未达成共识，就合同纠纷诉至省高院，对省高院判决结果不满，现已上诉至最高院。区政府在不干预司法裁判的前提下，先后4次组织双方召开和解座谈会，虽有一定成效，但仍未达成一致意见，复工陷入僵局。积极争取晓安公司与中兴公司和解，由于晓安公司拖欠中兴公司工程款，中兴公司向昆明市中院提起诉讼，申请查封了6、7、8号地块，项目推进受阻。区政府积极向市委政法委请示汇报，在市委政法委协调下，由市中院组织开展调解，但晓安公司、中兴公司也是存在较大分歧，尚未达成和解意向。

(3) 民生优先，保障片区群众就学出行

区政府始终坚持以人民为中心思想，从民生保障的角度，开展以下各项工作。①解决业主用电，2016年上半年，晓安公司在住户未安装"一户一表"的前提下将施工用电接入城市居民用电，累欠电费约73.8万元，致使供电局强行拉闸断电。经区政府多次与昆明供电局协调对接，晓安公司与昆明供电局于2016年7月14日达成并签署《供电设施配套费交纳协议》，1、2号回迁安置地块"一户一表"安装完成并正常通电使用，同时，帮助已入驻3号地块写字楼的云南黄金集团公司，解决办公用电问题。②缓解片区就学压力，区政府多次专题研究项目配套小学、幼儿园的土地、产权、建设等问题，在晓安公司未完成配套学校建设的情况下，本着解决历史遗留问题的态度，由区政府安排资金逾6100万元回购小学、幼儿园土地，安排逾1900万用于工程收尾、装修、购置教学设备，保障片区适龄子女入学，确保学校顺利开学。③修建片区配套道路，项目片区内有4条规划道路，其中规划1号道路(官渡218号路苜蓿路)具备修建条件，由区住建局牵头进行修建并完工通车，有效疏解了片区交通堵塞情况。

(4) 寻求合作，盘活项目存量资源

在昆明市政府大力支持下，官渡区政府促成晓安公司与信达公司、保利发展云南公司(以下简称"保利公司")达成合作共识，将6号地块用地性质由商业用地变更为住宅用地，并把6、7、8号地块转让至新成立的项目合作公司，再由保利公司收购新公司股权，完成土地权属划转，保利公司将释放资金给晓安公司用于化解1、2、3、5号地块收尾及4号地块复工，并完成片区控制性规划调整、用地性质变更，并积极协调相关职能部门指导帮助办理土地转让、补缴土地出让金和税费、土地不动产权证等手续。但在晓安公司和信达公司筹集资金用于缴纳土地出让金及税费的过程中，由于中兴公司向市中院申请查封6、7、8号地块，导致工作无法继续推进。

8.1.3.2 后续工作及治理策略

针对舆论持续关注，购房群众维权诉求集中的情况，相关部门采取了有力措施推动问题解决。同时，为了保障广大业主的权益，维护社会和谐稳定，及时回应社会关切，展开了以下工作安排：

(1) 进一步开展全面摸排，掌握项目经营及债务状况

在前期开展工作的基础上，成立"别样幸福城"项目稳定和发展工作协调领导小组，细化工作方案。先期组建联合工作组，由住建、城改、街道、金融、审计、税务、公安、检察、法院、司法、信访等部门共同介入；排除晓安公司不配合，甚至干扰阻挠等因素，采取有效措施全面排查该项目开发建设、经营管理、资金使用等情况，彻底摸清问题家底。对于涉及购房资金挪用、一房多卖、欠缴税费等违纪违法行为，移交主管机关依法处理，为整体工作推动提供有力支撑。

(2) 破产重整，盘活资产

①顺利召开第一次债权人会议　2021年7月12日，晓安公司破产重整案第一次债

权人会议通过全国企业破产重整案件信息网以网络会议的方式召开，会议审议、表决通过了《关于提请审议并表决昆明晓安拆迁经营有限责任公司继续营业并复工续建的议案》，为项目后续复工续建及破产重整工作打下了良好的基础。

②稳步推进4号地块复工续建工作　晓安公司进入破产重整程序后，经管理人申请，人民法院批准晓安公司继续营业并启动"别样幸福城"1~5号地块的复工续建工作。在区政府的协调与支持下，官国投公司向管理人提供800万元借款用于启动复工续建工作。2021年7月12日召开第一次债权人会议后，为确保4号地块续建工作持续进行，官国投公司与信达资产公司共同成立了共益债基金（有限合伙）。根据借款协议，共益债基金将分批次提供3亿元的共益债务借款。2021年8月27日，第一批共益债务借款共计1亿元已经支付至管理人账户，用于保障复工续建工作的稳步推进。

截至2021年12月31日，4号地块结构加固工程已基本完工，剩余续建工程由官房集团继续施工。根据目前的工程款支付进度，共益债基金仅剩余1600万元，根据目前的施工进度及工程款报批材料，该金额远远不足以支付已发生的工程进度款，更难以保障续建工程，资金缺口约为2亿元。如不尽快解决后期续建资金或引入投资人，4号地块将面临再次停工的风险。

③基本完成债权债务审查及资产评估工作　根据审计机构的审计意见并结合管理人的法律审查，晓安公司最终负债金额预计为60亿元左右，其中本金约为36.2亿元，利息及其他约为23.8亿元。根据评估机构出具的评估意见，晓安公司现状资产价值不足20亿元，晓安公司严重资不抵债。

④基本完成1~5号地块的续建资金造价审核　根据造价咨询机构出具的咨询意见，"别样幸福城"1~5号地块如需达到整体竣工验收备案、房屋交付、不动产权登记证书办理标准，需投入续建资金预计为5.57亿元，其中1、2、3、5号地块续建资金约1.3亿元、4号地块续建资金3.65亿元、市政道路及管网等续建资金约为6300万元。但因缺少续建资金及尚未引入投资人，暂时无法对"别样幸福城"1、2、3、5号地块进行续建，无法完成最终的竣工验收，无法解决省、市、区政府关注地化解不动产登记的历史遗留问题。

⑤招募重整投资人　2021年5月12日，意向重整投资人海南信达置业有限公司（现变更为信达地产股份有限公司的全资子公司海口坤泰达实业有限公司）向管理人提交了报名材料，并按招募公告要求缴纳了报名保证金1000万元。目前意向重整投资人已基本完成尽职调查工作，管理人积极与其沟通重整投资方式等内容，但因规划调整等事宜尚未确定，未向管理人提交其投资方案。

⑥按期提交重整计划草案初稿　管理人根据《中华人民共和国企业破产法》的规定，制定了《昆明晓安拆迁经营有限责任公司重整计划草案（初稿）》，并于2021年12月9日提交人民法院。但因控规调整及团购商品房调价等事宜未确定，人民法院及管理人无法召开债权人会议表决该重整计划草案。

⑦积极做好宣传和维稳工作　自破产重整工作开展以来，区委宣传部、区政府有关部门及街道办事处等相关职能部门积极关注舆情，通过主流媒体正向宣传"别样幸福城"破产重整工作，省住建厅、市纪委、市住建局等部门多次到"别样幸福城"项目进行实地走访，为破产重整营造健康、理性、有利的舆论氛围。

(3) 进一步做好业主工作，疏导化解问题

对入住业主进行劝离，以疏堵结合为原则，由属地街道牵头，住建、城改、应急、公安等部门配合，组建群众工作组，全面了解已入住业主信息和购房情况进行核实登记，做好解释疏导工作，尽快劝离已入住 4 号地块业主，保障群众生命财产安全。依法依规督促整改，区政府统筹安排应急、住建等部门按照职能职责，分别向晓安公司、中铁公司下达安全生产、工地施工整改通知书，督促开发商和承建方做好项目安全生产有关工作，配合政府做好疏导化解工作；同时，向已入住 4 号地块业主发放宣传告知书，依法要求业主限期搬离，为后期复工创造条件。解决入住业主实际困难，对无房户或居住确有困难的搬离业主，统筹提出方案，妥善安置，对户口（居住证）属于区外的业主，提请上级政府协调解决。

(4) 创新工作举措，推动 4 号地块复工

一方面，学习借鉴同类型烂尾项目化解经验，尽快研究制定项目重整方案，从根本上推动问题解决；另一方面，多渠道筹集资金，设立专户、专款专用，协调承建方实施复工建设，开展 4 号地块收尾工作。

(5) 关注舆情动态，引导群众关切

由官渡区委网信部门密切关注舆情动态，及时分析研判，提供处置意见，做好舆论应对准备，加强网上舆论引导。积极对接上级宣传部门给予工作支持，对省、市级媒体报道进行调控。

鉴于该项目的复杂性，相关部门通过落实属地责任，全面解决烂尾问题，强化协调联动，从税收返还、税费稽查、其他地块组价平衡、引入第三方接盘、依法启动处置程序等方式入手，最大限度保障群众利益，确保整个项目依法依规妥善处置。

8.1.4 治理中的上下沟通协调与多部门间联动

在相关部门的督促和努力下，晓安公司破产重整及"别样幸福城"烂尾处置工作有序推进。但一些问题需要上下级部门之间沟通协调，多个部门间统筹联动才能解决。一方面，积极争取上级部门的支持和授权；另一方面，通过调动多个部门之间的联合行动，获得多方的配合和理解，保障项目治理朝着预期方向发展。

8.1.4.1 协调支持 6、7、8 号地块控规调整

为尽快确定投资人并表决重整计划草案，早日化解"别样幸福城"项目历史遗留问题，根据管理人梳理及第三方机构的经济测算方案，需要对"别样幸福城"6、7、8 号地块进行控规调整。控规调整具有以下必要性：

(1) 完善相关配套，提高债权清偿率

晓安公司已经严重资不抵债、现存资产价值较低。根据现行资产负债测算，若晓安公司破产清算，晓安公司现有资产尚不足以清偿优先债权，普通债权清偿率为 0。

根据经济测算方案，若控规调整成功，片区相关配套得以完善和提升，将增加政府收取的土地出让金、税收及各项规费约 2.5 亿元；同时重整情况下晓安公司增加可偿债

资金约7000万元(含减免配套费)。在此情况下,晓安公司若实现重整,其优先债权清偿率为100%清偿,普通债权的清偿率将得到提高,便于债权人理解和支持重整工作。

(2)维护群体性购房人合法权益

对于付款比例不足50%、申请退房及判决解除购房合同的购房人,需退还购房人款项。但因晓安公司严重资不抵债,若不对6、7、8号地块进行控规调整增加货值,则该部分购房人将难以实现受偿,导致维稳压力剧增,引发新的社会维稳问题;若控规调整成功,区政府、管理人将积极与投资人争取尽量维护该部分群体性购房人的权益,提高该群体偿债率。

(3)确定投资人、重整计划方案

对6、7、8号地块进行控规调整是招募及确定投资人的关键因素,控规调整事宜未确定是意向重整投资人至今未提交投资方案的主要原因;若控规调整事宜确定后,意向重整投资人将向管理人提交完整的投资方案,管理人将最终修改、拟定重整计划草案,并早日提请人民法院召开债权人会议表决重整计划草案,实现重整成功。

(4)影响4号地块续建,存在社会维稳风险

因6、7、8号地块控规调整事宜未确定,4号地块续建资金共益债借款主体之一信达资产已暂停审批工程进度款,不再支付工程进度款。因6、7、8号地块调规事项未确定,已严重影响信达资产的出资信心,随时可能出现不再审批提供资金的情况。如不尽快确定调规事宜,督促信达资产尽快审批并支付工程进度款,4号地块将再次全面停工,不能早日向购房人及回迁户交付房屋,将引发更为严重的社会维稳问题。

因此,为避免晓安公司破产清算导致相关历史遗留问题难以解决,需要昆明市委、市政府统筹协调市自然资源和规划局等部门同意对"别样幸福城"6、7、8号地块控规进行调整。

8.1.4.2 协调支持对团购商品房进行适当调价工作

晓安公司在销售"别样幸福城"项目商品房过程中,涉及空军部队、黄金公司、省统计局、官渡区工会等团购单位,但其团购价远低于晓安公司土地取得成本及建安成本。"别样幸福城"1、2、3、5号地块虽已经实现交房入住,但仍存在消防、人防、绿化及其他基础配套工程待完善,也需在本次破产重整中予以统筹解决。

因此,在晓安公司已经严重资不抵债的情况下,为使破产重整早日取得成功,解决"别样幸福城"1、2、3、5号地块的历史遗留问题,达到办理不动产权证书的条件,需要昆明市委、市政府统筹协调市住建局等部门支持对团购商品房进行适当调价工作。

8.1.4.3 明确"别样幸福城"工程验收规范,简化及畅通快速办理手续

"别样幸福城"项目开发启动时间较早,停工时间较长,建设时相关规范与现行规范存在差异。虽然"别样幸福城"1、2、3、5号地块已经实现交房入住,但因消防、人防等收尾工程未完成,未能完成整体竣工验收;"别样幸福城"4号地块目前正在开展续建工作,同样面临新旧验收标准的问题,进一步影响4号地块的交房时间,发生社会维稳问题。

昆明市委、市政府统筹协调市住建局、市建设工程质量安全监督管理总站等相关部门进行专题研究，明确"别样幸福城"项目相关验收标准、验收规范，给予简化及快速办理手续，以确保能够顺利确定投资人及早向购房人交房。

8.1.4.4 协调解决中铁建设集团有限公司相关遗留问题

"别样幸福城"项目4号地块原承建单位中铁建设集团有限公司工程质量问题已经由最高人民法院作出了终审判决，进入破产程序后，管理人依法委托了其他单位对工程质量问题进行了质量修复。但中铁建设集团有限公司目前仍不服终审判决，对破产重整、质量修复方案、质量修复造价内容等事宜提出异议，并多次表示将采取尽可能的措施维护自身权益。

为保障晓安公司及"别样幸福城"项目破产重整处置工作顺利进行，昆明市委、市政府协调市住建局、市建设工程质量安全监督管理总站等部门约谈中铁建设集团有限公司，对其作为施工单位在建设过程中存在的严重质量问题进行预警，并明确如中铁建设集团有限公司不正确对待施工单位质量责任及存在问题，主管部门将依法进行处罚或以其他方式进行处理，以便妥善解决中铁建设集团有限公司与晓安公司涉及的质量争议及修复遗留问题，保障破产程序顺利进行，维护社会稳定。

8.1.4.5 协调支持晓安公司重整涉税事宜

因晓安公司资金链断裂，欠缴大量税额，为提高债权清偿率，对于拖欠税款债务本金及滞纳金、罚款等相关问题，昆明市委、市政府统筹协调市税务局在政策范围内予以减免，尤其是滞纳金、罚款等按劣后债权处理等事宜；对于"别样幸福城"项目各地块产生的土地增值税等问题，给予享受减免的优惠扶持政策，给予核定征收，并根据晓安公司项目实际情况明确税收征缴原则，以便顺利完成重整相关工作。

8.1.5 治理经验及实践启示

8.1.5.1 治理逻辑清晰、措施路径明确

结合项目实际情况，在积极研究处置化解方案、与律师事务所等第三方专业机构开展多轮论证研究及借鉴其他房地产项目重整案例的基础上，综合分析和模拟评估后找到彻底解决"别样幸福城"项目历史遗留问题的最优路径即破产重整。从治理效能角度来看，破产重整可以促使"烂尾楼"项目合法依规、兼顾各方利益、维护大局稳定等多重目标的实现。破产重整实施流程如下：①市委、市政府同意启动破产重整，官渡区牵头成立项目破产重整专项工作组→②债权人向官渡区人民法院提交重整申请→③官渡区人民法院裁定受理并指定破产管理人，通知已知债权人并公告→④债权人进行债权申报，破产管理人进行债权确认，同时展开资产调查核实→⑤管理人协助官渡区人民法院召开第一次债权人会议，报告工作、核查债权，表决复工续建方案→⑥管理人制定重整计划草案→⑦召开第二次债权人会议，对重整计划草案进行分组表决→⑧表决通过后，法院裁定批准执行→⑨依法执行破产重整计划，清偿债务。

从全国目前重整制度的立法层面上看，预重整是实践的产物，在我国立法层面并没有预重整制度的相关立法，但是司法实践中从 2013 年浙江省高院出台《关于企业破产案件简易审理若干问题的纪要》建立"预登记"制度到 2019 年 11 月 15 日最高人民法院发布的《全国法院民商事审判工作会议纪要》中，进一步明确了庭外重组、预重整及破产重整的程序衔接，确保庭外重组和预重整程序中的协议或方案的效力，保障法律效力能在重整程序中延伸。

同时，根据昆明市政府当时的最新指示："如开发商因资不抵债而停止工地施工，导致房屋一直无法支付的，引导购房者向法院申请开发商预重整，如不能盘活，再进入破产程序，一旦进入公司破产程序，就可以由法院组织成立相关部门参与的破产清算小组，由破产清算小组组织对开发商进行破产重整。"因此，对于"别样幸福城"项目，在债务企业不配合的情况下，优先适用预重整程序，条件成熟的情况下再进入破产重整程序是符合当时客观条件的。

8.1.5.2 组织策划到位、分步分类实施

2020 年 8 月 31 日前，取得昆明市政府同意"别样幸福城"项目进行预重整或破产重整的相关批示，由官渡区政府牵头成立"别样幸福城"项目破产重整专项工作组，确定项目破产重整专项工作组成员，由项目破产重整专项工作组暂行接管施工现场。2020 年 9 月 15 日前，完成进入预重整或破产重整程序所需立案材料，向官渡区人民法院提出申请并取得裁定，启动项目复工续建，并按法定程序推进重整工作。

为了实现专项治理与综合治理有机统一的目标，成立了项目重整工作组，下设综合协调工作小组、项目复工续建工作小组、群众服务管理工作小组、资产核实工作小组、司法协调工作小组、宣传与舆情引导小组、信访维稳工作小组 7 个工作小组，分别负责开展企业调查，分类清理核查项目债权债务情况，深入全面掌握"别样幸福城"项目资金使用情况、债务情况、项目运营管理等具体情况；加强与社会投资人及债权人的谈判，研究制定有效资产处置及回收资金安排计划、回迁安置房、房屋建设收尾资金保障方案；研判社会维稳风险，结合国家相关政策法律、市场需求和价值评估等，就项目维稳风险及金融风险进行深入研究，提出切实可行的解决建议，拟定项目处置及后续推进具体工作方案。

8.1.5.3 聚焦重点问题、突破关键难点

重整的前提是要寻求合作，盘活项目存量资源。在昆明市市政府的支持下，官渡区政府促成晓安公司与信达公司、保利发展云南公司（以下简称"保利公司"）达成合作共识，将 6 号地块用地性质由商业用地变更为住宅用地，并把 6、7、8 号地块转让至新成立的项目合作公司，再由保利公司收购新公司股权，完成土地权属划转，保利公司将释放资金给晓安公司用于化解 1、2、3、5 号地块收尾及 4 号地块复工，并完成片区控制性规划调整、用地性质变更，并积极协调相关职能部门指导帮助办理土地转让、补缴土地出让金和税费、土地不动产权证等手续。难点在于烂尾时间长，民生问题未解决，群众工作压力大。对此，迅速成立官渡区上苜蓿村"别样幸福城"项目稳定和发展工作协调领

导小组。

（1）搭建平台，及时化解矛盾纠纷

深入一线做好信访维稳，属地街道做好解释疏导，未发生大规模的群体性冲突或人员伤亡情况。组织业主筹资工程款，组织召开5号地块业主代表见面会，协调解决供电基础设施建设、自来水、煤气设施安装问题，经多方协商，成立共管账户，筹集2092.5万资金对5号地块复工建设。推进4号地块复工，研究制定项目重整方案，多渠道筹集资金，设立专户、专款专用，协调承建方实施复工建设，开展4号地块收尾工作。积极争取晓安公司与中兴公司和解。

（2）民生优先，保障片区群众就学出行

解决业主用电，经与昆明供电局协调对接，1、2号回迁安置地块"一户一表"安装完成并正常通电使用，并帮助已入驻3号地块写字楼的云南黄金集团公司，解决办公用电问题。缓解片区就学压力，由区政府安排资金逾6100万元回购小学、幼儿园土地，安排逾1900万元用于工程收尾、装修、购置教学设备，保障片区适龄子女入学，确保学校顺利开学。修建片区配套道路，由区住建局牵头进行修建规划1号道路（官渡218号路首蓿路）并完工通车，有效疏解了片区交通堵塞情况。

鉴于"烂尾楼"项目的复杂性，牵涉的利益相关者众多，需要精准施策，平衡各主体的相关利益，达成治理中的"共识"及"共赢"。在该项目的重组中，官渡区落实属地责任，全面解决烂尾问题，强化协调联动，多轮磋商，寻找利益交汇点。从税收返还、税费稽查、其他地块组价平衡、引入第三方接盘、依法启动处置程序等方式入手，及时化解矛盾纠纷、保障片区群众出行就学、盘活项目存量资源等方面开展工作，最大限度保障群众利益，确保整个项目依法依规妥善处置。

结束语

通过一系列举措和治理策略，昆明"别样幸福城"如期复工，搬进烂尾楼的业主也在各方支持和努力下得到妥善安置。截至2022年11月，项目施工正在如期进行，近期将交付使用。"别样幸福城"烂尾楼事件由单一的楼盘开发经营不善延伸为公共事件，甚至成为政治事件，其中涉及的利益主体较多，情况也较为复杂。光靠一家机构或部门难以应对这种复杂事件，在治理过程中需要打通治理环节中的多个链条，上下级部门之间协调联动，多个部门之间协同配合，寻求利益共同点的"最大公约数"。当地政府在这一事件处理过程中积极应对、妥善安置，将事件风险防控下来，妥善平息事态，体现出相应的治理能力和治理水平。

然而，为避免类似事件的进一步上演，相关部门应建立风险预案机制，防患于未然，突出源头治理、过程治理、系统治理和综合治理功效。严格按照"一项目一方案"要求，逐一找准问题和"病因"，逐一妥善解决，建立健全"任务项目化、项目清单化、清单具体化、工作责任化"常态长效机制，既要化解盘活存量烂尾楼，更要举一反三，坚决防止新增烂尾楼。

材料1　官渡区上苴蒨村"别样幸福城"项目历史遗留问题处置方案

为积极稳妥协调推进官渡区"别样幸福城"项目，实施企业——昆明晓安拆迁经营有限责任公司破产重整(预重整)工作，根据国家、省、市有关规定及市、区关于处理"别样幸福城"项目有关问题的会议精神，结合项目实际情况，特制定本处置方案。

(1)指导思想

在区委、区政府的领导下，坚持"政府引导，企业自愿，依法依规，积极稳妥，有效盘活，维护社会稳定，有效解决民生问题"的原则，确保"别样幸福城"项目安全、有序复工续建，在解决民生问题的同时，梳理开发企业的债权债务问题，整体解决老百姓购房、住房、办证，完善区域配套设施建设，实现民众安居乐业、债权公平受偿的诉求，依照法定程序，在法律法规框架内，全面有效推进企业破产重整工作，维护广大购房业主、债权人及债务人的合法权益，实现"别样幸福城"项目盘活资产，有效化解社会矛盾，彻底解决相关历史遗留问题。

(2)工作原则

推进项目破产重整专项工作组紧扣项目历史遗留问题，拟定如下处置原则：

①坚持依法处置原则　从法律层面厘清债务，固化债务规模，有效控制项目或有负债风险；为重组资金安全提供法律保障；依法中止涉法涉诉案件，避免项目资产破碎化，确保重组基本面。

②兼顾各方利益原则　充分保障广大购房户、建设施工方权益，确保回迁过渡安置费、税收等依法清收，实现各类债权人的大部分债务依法清偿。

③维护社会稳定大局原则　切实解决项目历史遗留问题，引入社会投资人，完成项目后续开发建设，实现各方权益平衡，最大限度保障广大购房客户、农民工、回迁户权益，维护社会大局稳定，促进社会安定和谐。

(3)目标任务

①通过启动破产重整(预重整)程序，最快开展"别样幸福城"四号地块的复工续建工作，消除安全隐患，保障居民人身安全。

②通过破产重整(预重整)程序，有效保障已购安置房等广大购房者的最大权益。

③通过破产重整(预重整)程序，有效盘活"别样幸福城"资产，化解社会矛盾，彻底解决项目历史遗留问题。

(4)组织领导

①为有效开展相关工作，根据企业实际情况，建议相关职能部门人员参与昆明晓安拆迁经营有限责任公司项目破产重整专项工作组，详见项目破产重整专项工作组成员名单。

②依法推进企业申请破产重整的相关工作，辖区街道根据实际情况可聘请专业法律服务机构或专业清算机构参与项目破产重整专项工作组，负责企业重整的具体工作。

③破产重整实施过程中，需政府其他部门及人员支持的，政府协调相关部门及人员提供帮助，解决破产重整面临的实际问题。

(5) 实施步骤

①破产重整(预重整)立案前的准备工作

a. 项目所在地的辖区街道办事处会同城市更新改造部门、司法局拟定《上苜蓿村"别样幸福城"项目历史遗留问题处置方案》，并以请示方式报区级、市级部门进行批复，提出意见。

b. 辖区街道委托专业律师事务所或清算公司提供全过程专项法律服务，代为拟定申请破产重整(预重整)的相关法律文书，指导实施破产重整(预重整)的具体工作。

c. 政府决议成立项目破产重整专项工作组，项目破产重整专项工作组成员清单已基本拟定。

d. 项目破产重整专项工作组拟定具体的工作实施细则，配合整理或准备申请破产重整(预重整)立案所需的资料。

e. 项目破产重整专项工作组在准备过程中，重点组织重整方、债权人、债务人等各方进行重整谈判，拟定重整方案。

f. 成立项目破产重整专项工作组后，参照昆明市中级人民法院的预重整模式，指定项目破产重整专项工作组为临时管理人后，进一步梳理晓安公司债权债务、资产情况、股东出资情况、用工情况、欠缴税款及其他税费情况，提出处理意见并根据情况组织开展相关工作。必要情况下提出委托会计师事务所、税务师事务所、评估事务所就该公司财务会计、债权债务、税务情况、资产价值情况进一步开展相关专业核查工作。

g. 辖区街道组织开展风险评估工作，对稳控工作做好应对。

h. 开展破产重整应开展的其他工作。

②破产重整(预重整)立案后的具体工作

a. 法院受理破产重整(预重整)后，协调法院将立案准备过程中成立的项目破产重整专项工作组或第三方律师事务所转换、指定为破产管理人。

b. 由破产管理人依照法律规定开展破产管理相关工作。包括但不限于管理人根据前期拟定的预重整方案，组织债权人、债务人拟定正式的破产重整计划草案。

c. 破产管理人组织债权人表决破产重整计划草案。

d. 破产管理人实施批准重整计划后，依法组织实施重整计划。

e. 破产管理人依法开展《企业破产法》规定的其他工作。

(6) 处置路径

结合项目实际情况，在积极研究处置化解方案、与律师事务所等第三方专业机构开展多轮论证研究及借鉴其他房地产项目重整案例的基础上，综合分析和模拟评估后认为：破产重整是合法依规、兼顾各方利益、维护大局稳定，彻底解决"别样幸福城"项目历史遗留问题的最优路径。破产重整实施流程如下：①市委市政府同意启动破产重整，官渡区牵头成立项目破产重整专项工作组→②债权人向官渡区人民法院提交重整申请→③官渡区人民法院裁定受理并指定破产管理人，通知已知债权人并公告→④债权人进行债权申报，破产管理人进行债权确认，同时展开资产调查核实→⑤管理人协助官渡区人民法院召开第一次债权人会议，报告工作、核查债权，表决复工续建方案→⑥管理人制定重整计划草案→⑦召开第二次债权人会议,对重整计划草案进行分组表决→⑧表决通过后,法院裁定批准执行→⑨依法执行破产重整计划,清偿债务。

从全国目前重整制度的立法层面上讲,预重整是实践的产物,在我国立法层面并没有预重整制度的相关立法,但是司法实践中从2013年浙江省高院出台《关于企业破产案件简易审理若干问题的纪要》建立"预登记"制度到2019年11月15日最高人民法院发布的《全国法院民商事审判工作会议纪要》中,进一步明确了庭外重组、预重整及破产重整的程序衔接确保庭外重组和预重整程序中的协议或方案的效力能在重整程序中延伸。

同时,根据昆明市政府的最新指示:"如开发商因资不抵债而停止工地施工,导致房屋一直无法支付的,引导购房者向法院申请开发商预重整,如不能盘活,再进入破产程序,一旦进入公司破产程序,就可以由法院组织成立相关部门参与的破产清算小组,由破产清算小组组织对开发商进行破产重整。如官渡'别样幸福城'。"

因此,对于"别样幸福城"项目,在债务企业不配合的情况下,建议优先适用预重整程序,条件成熟的情况下再进入破产重整程序。

(7) 重点和难点工作

① 重点工作

a. 复工续建方案的制定

· 复工续建的资金来源:通过业主筹集+政府垫资+第三方借款3种方式筹措复工续建资金。

· 对后期复工续建所需资金规模做出预算。

· 待进入破产重整(预重整)程序后,启动复工续建。

b. 项目施工现场的接管

由于中铁拒绝复工续建,业主擅自入住烂尾楼,造成极大安全隐患及社会负面影响,建议按照上述实施步骤先成立项目破产重整专项工作组,由项目破产重整专项工作组暂行接管施工现场,尽快劝退业主,避免时态扩大。

② 难点工作

a. 晓安公司不配合启动破产重整程序,由债权人申请预重整,待时机成熟后再进入重整程序。

b. 目前仍需约谈晓安公司法定代表人,争取晓安公司的配合,由晓安公司申请启动预重整程序。

c. 为后期转重整程序考虑,现阶段仍需积极开展招募重整投资人的工作,以期实现顺利重整的最终目的。

(8) 工作推进计划

①2020年8月31日前,取得昆明市政府同意"别样幸福城"项目进行预重整或破产重整的相关批示,由官渡区政府牵头成立项目破产重整专项工作组,确定项目破产重整专项工作组成员,由项目破产重整专项工作组暂行接管施工现场。

②2020年9月15日前,完成进入预重整或破产重整程序所需立案材料,向官渡区人民法院提出申请并取得裁定,启动项目复工续建,并按法定程序推进重整工作。

8.2 案例说明书

8.2.1 课前准备

(1) 将学生按照 4~6 人一组进行分组，分配好组别。选举一名组长，一名秘书，由组长带领整组同学运用头脑风暴法或德尔菲法进行案例讨论，由小组秘书对讨论情况和观点进行记录。

(2) 选举一名同学代表所在组别进行讨论结果汇报，其他组员进行补充。

(3) 班长或学习委员最后汇总所有组别同学的讨论记录，归纳整理形成讨论结论。

8.2.2 适用对象

本案例是为接受"公共管理"相关课程学习的本科生、学术研究生以及 MPA 学生设计的，同时也适合公共管理专业其他研究方向的研究生使用。本案例还适合对基层治理有兴趣的非专业人士、学生和实践操作者学习使用。

8.2.3 教学目标

本案例主要有 4 个教学目标：

(1) 了解事件的来龙去脉，发现事件中的焦点问题和各个利害关系人的相关诉求；讨论基层政府应急响应的过程、采取的应对策略和治理措施，同时引申到探讨我国基层社会治理的发展以及治理体系和治理能力现代化的变迁。

(2) 讨论本案例的各方利益主体在冲突化解中的价值立场和参与渠道以及基层政府的介入机制、治理回应和治理效能。

(3) 理解案例中不同政府部门的沟通与合作，了解政府间合作机制和联动路径，基层政府与社会力量合作治理的逻辑与路径。

(4) 思考基层政府治理的发展历程、未来的发展方向以及如何实现政府的治理能力和治理体系现代化。

8.2.4 要点分析

(1) "别样幸福城"烂尾楼事件从发展到妥善解决，主要是由于政府的快速反应和应急治理得当

如果没有基层政府的大力推进，事件可能不会很快平息，问题也不一定得到妥善解决。因此，本案例研究的首要问题是基层政府的治理。近年来，随着国家治理能力和治理体系现代化理念的提出，基层政府也在积极实践，探索实现基层政府治理能力和治理体系现代化的路径、机制和制度安排。有效应对辖区内突发公共事件，无疑是检验基层政府治理效能的试金石。突发公共事件往往是一个复杂事件，传统的管理模式和单一的政府力量很难对事件进行有效应对，需要动员多方力量共同参与，畅通参与渠道、公开

事件进展信息，保障公众的知情权，才能有效地给"热点事件"降温，有时间有余力采取相应措施解决问题。因此，梳理基层政府应对突发事件的治理逻辑，归纳总结经验，分析提升基层政府治理效能的有效路径，形成科学的制度安排才能在今后的治理实践中发挥指导作用。本案例从最初的烂尾楼事件，发展到后来的热点"网红事件"，基层政府在"降温""灭火"过程中发挥着比以往更具主动性、包容性和开放性的作用。因此，应该更多地从基层政府的积极作为和协商民主层面对本案例进行研究。

(2) 大众传播媒介的开放性和交互性特点使得购房者的利益维护事件衍生为"热点事件""网红事件"

而在这次的烂尾楼事件中，能很清晰地从中看到大众传播媒介交互性所带来的舆论力量和监督效力。昆明共有18处烂尾楼项目，波及面比较广，牵涉人员规模大，牵一发而动全身。自从"别样幸福城"烂尾楼事件在大众传播媒介上传播开来后，越来越多的居民开始参与到这一事件中，并且以检查者、监督者、出谋划策者等身份介入到这一事件的进展中。他们运用相应的法律知识、金融知识、建筑知识以及社会经验等，通过网络传输、博客、论坛等网络渠道发表自己的评价与见解，推动整个事件的发酵和传播，成为事件流的主体力量。他们呼吁基层政府出面，力求问题得到快速和妥善解决。大众传播媒介自发性地发挥着舆论监督的作用，迫切要求基层政府不仅具备解决烂尾楼问题的能力，而且有能力进行公关危机，防止舆论风波引发的事态扩大。这也是基层政府与大众传播媒介良性互动的典型实践。在"自媒体"时代，基层政府治理效能中内在地蕴含着危机公关效能的要义，学会与媒体打交道、善于与媒体打交道已然成为基层政府治理体系的重要组成内容。自媒体时代下社会治理的属性和特点，即从一个普通的烂尾楼项目到"网红烂尾楼"，地方政府应对热点事件、平息群众积怨、实践服务型政府职能、政府突发事件治理能力等在案例治理中均有所展现；特别是在"网红烂尾楼"事件的升温、降温到平息过程中，体现了基层政府的风险管理能力和跨界重组的创新能力，对于基层政府治理体系和治理能力现代化实践具有重要的参照意义。

(3) 在对昆明"别样幸福城"烂尾楼事件的治理过程中，反映了各种力量积极参与、各尽其责、通力合作

案例体现了中国特色社会主义市场经济体制建设过程中活力与张力，机遇与风险并存的市场属性。治理过程中遇到市场失灵时如何利用"看得见的手"弥补其不足，实现政府与市场关系的合理调整；首先，大众传播媒介的力量。大众传播媒介争相报道中让事件的来龙去脉得到澄清，保障了公众的知情权，发挥了舆论的监督作用，也为基层政府的后续治理提供了一些治理思路和补救渠道。其次，社会力量。区政府多次与昆明供电局协调对接，解决业主用电问题。与相关企业协商，提供场所安置相关业主。聘请专业律师团队，制定完善项目预重整工作方案，明确工作任务及时间节点，同时，积极寻找有实力的企业接盘，盘活项目资产，有效化解社会矛盾。再次，相关政府部门的力量。在整个项目治理过程中，城改、住建、税务、司法、政法、街道等部门积极主动作为，就复工、尽职调查、信访维稳等方面开展专项工作，多次召开专题会议，开展现场调研，研究相关工作，采取各种措施解决存在的问题，明确各部门的责任，市区联动开展

治理工作。

(4) 以"人民为中心",解决民众的"急难愁盼"问题

第一,民生优先,保障片区群众就学出行。第二,解决业主用电,经与昆明供电局协调对接,1、2号回迁安置地块"一户一表"安装完成并正常通电使用,并帮助已入驻3号地块写字楼的云南黄金集团公司,解决办公用电问题。第三,缓解片区就学压力,由区政府安排资金逾6100万元回购小学、幼儿园土地,安排逾1900万元用于工程收尾、装修、购置教学设备,保障片区适龄子女入学,确保学校顺利开学。第四,修建片区配套道路,由区住建局牵头进行修建规划1号道路(官渡218号路苜蓿路)并完工通车,有效疏解了片区交通堵塞情况。从老百姓切身利益着眼,集中力量解决焦点问题,维护业主的合法利益。

(5) 摸清情况,聚焦问题,联动配合,综合治理

在整个项目治理过程中,分门别类进行治理,直击问题核心。成立项目重整工作小组,项目重整工作组下设综合协调工作小组、项目复工续建工作小组、群众服务管理工作小组、资产核实工作小组、司法协调工作小组、宣传与舆情引导小组、信访维稳工作小组7个工作小组,分别负责开展企业调查,分类清理核查项目债权债务情况,深入全面掌握"别样幸福城"项目资金使用情况、债务情况、项目运营管理等具体情况;加强与社会投资人及债权人的谈判,研究制定有效资产处置及回收资金安排计划、回迁安置房、房屋建设收尾资金保障方案;研判社会维稳风险,结合国家相关政策法律、市场需求和价值评估等,就项目维稳风险及金融风险进行深入研究,提出切实可行的解决建议,拟定项目处置及后续推进具体工作方案。

(6) 依法行政,专业的问题找专业的人员来做

整个项目治理过程中涉及多个层面的法务,也体现了国家法规、政策的具体执行。《合同法》《企业破产法》《民法典》中债权债务法、《土地管理法》、工程造价标准等规范要求在案例中均有体现。治理过程中从税收返还、税费稽查、其他地块组价平衡、引入第三方接盘、依法启动处置程序等方式入手,最大限度保障群众利益,确保了整个项目依法依规妥善处置。结合"别样幸福城"的实际,寻找治理举措的法律支持,做到依法治理。如从全国目前重整制度的立法层面上看,预重整是实践的产物,在我国立法层面并没有预重整制度的相关立法,但是司法实践中从2013年浙江省高院出台《关于企业破产案件简易审理若干问题的纪要》建立"预登记"制度到2019年11月15日最高人民法院发布的《全国法院民商事审判工作会议纪要》中,进一步明确了庭外重组、预重整及破产重整的程序衔接,确保庭外重组和预重整程序中的协议或方案的效力,保障法律效力能在重整程序中延伸。

8.2.5 课堂安排

本案例故事的发生时间是2020年7月。对于本案例,教师应该首先利用10~15min指导学生理清事情发展脉络,然后把相关基层政府的治理理论和原理介绍给学生。例如,治理的主体、治理的理念、利益相关者、协商治理、合作治理等,增加学生的理论

认知。

接下来教师可以围绕课后布置的问题展开课堂讨论。要给最后一个问题预留足够的时间(至少不低于一次大课的 1/4 时间),这个问题要求学生们利用所学到的知识和对社会的了解各抒己见,要求学生自己或以小组进行思考和分析。形成独立思考、善于总结、突出运用、提升能力的学习氛围。

请学生们根据案例提出他们的疑问,并请其他学生对问题展开讨论。讨论中要鼓励学生表达他们自己的观点,教师要督促学生把这些观点整理汇总出来,形成书面文稿。如果学生们的观点范围比较狭窄,教师可以通过提出问题让学生回答来启发他们的思维。具体问题的讨论应该以启发的方式,引导学生来提出案例中出现的实质问题。如果学生们在讨论具体问题之后,对解决问题的思路仍然模糊,教师可以进行讲解。

8.2.6 其他教学支持

阅读基层社区治理和"烂尾楼"法务的相关文献,加强对基层社区治理体系、其机构运作的基本原理的掌握。可以帮助学生进一步理解案例中的逻辑关系及案例要点。

参考文献

刘栋,2023. "烂尾楼"工程的拯救难题与破解方法[J]. 建筑设计管理,40(06):56-63.

魏雪松,2023. 双碳背景下"烂尾楼"问题解决的路径探寻[J]. 建筑设计管理,40(09):8-18+42.

徐大庆,2016. 烂尾楼业主维权行动研究[D]. 华中师范大学.

尹涵,2022. 深度报道 停摆的楼[D]. 云南大学.

思考题

1. 简述"别样幸福城"烂尾楼事件成为公共事件的原因。
2. 简述相关部门在治理该项目过程中体现的治理理念和治理策略。
3. 简述该项目治理过程中的成功之处及做得更好的方面。

案例9

农村"空心化"困局的破解：贵州的经验与启示

(邹再进　谢静洋)

摘要：改革开放以来，随着城乡之间差距的进一步拉大，城乡二元体制的存在，城市化落后于工业化，农村土地制度、宅基地制度和农村社会保障制度以及农民乡土情结，导致"人走地留屋留"，在广大农村出现了"空心化"的现象。为解决农村空心化危机，贵州省各级政府立足本地实际，主要以建设"美丽乡村"和推动"农民市民化"这两个方面为落脚点，让需要留在农村的劳动力能够留得下来，同时也让需要从农业和农村中转移出来的劳动力能够真正地转移出去。贵州省政府创造性地提出了"四在农家、美丽乡村"的建设方针，提倡"富在农家"，大力发展农村经济、促进农民增产增收，努力提高农民的生活水平；提倡"学在农家"，着力提高农民的科技文化技术水平，发展农村先进文化，增长农民智慧和致富本领，培育有文化、懂技术、会经营的现代新型农民；"乐在农家"建设，就是不断满足农民群众日益增长的精神文化需求，引导农民开展丰富多彩的文体活动，创造文明健康的生活方式，享受文明健康的精神生活；"美在农家"就是着眼于人的全面发展，着眼于人与社会、人与自然的和谐，建设富裕文明、和谐美丽的新农村，促进农村经济社会的协调可持续发展，提高农村生态文明水平。通过一系列美丽乡村的建设措施，贵州省农村经济得到快速发展，农民收入得到大大提高，农村生活环境得到极大改善，农村呈现出一片欣欣向荣的景象。

关键词：空心化　四在农家　市场化　美丽乡村

9.1　案例正文

引　言

1978年改革开放以来，贵州省城乡差距进一步扩大，由此贵州省政府推出了一系列支农惠农的方针政策，如"工业反哺农业，城市支持农村"方针的实施。但是，随着城乡之间传统"剪刀差"逐渐减小，同工不能同酬的工资、土地补偿标准明显偏低等"新剪刀差"日益扩大，再加之受市场需求的影响，农村中的精英劳动力必然首先从土地中解放出来，于是出现了经济意义上的和地理意义上的双重"空心化"。经济上的"空心化"主要指大批农民工的进城，而且都是文化素质相对较高的青壮年劳动力，在广大农村剩下的基本都是老弱病残和妇女儿童，这是一种经济意义上的"空心化"。而地理意义上的"空心化"则是伴随着经济意义上的而生,农民在新建住宅的过程中,由于村庄规划的滞后、基础设施的不配套,导致新建住宅大部分集中在村庄外围尤其是公路沿线,而村庄内却存在大量空闲的宅基地和闲置土地,形成一种地理意义上的"空心"。而大多数时候,这两种情况在贵州省是交织存在的,使得全省不得不直面农村将被"空心化"的危险。

9.1.1 时代背景

1978年农村家庭承包制度确立以来,广大农民有了相对自主的生产和经营权,摆脱了土地的"束缚",大量农民选择外出务工以获取更高的经济收入。同时城市中第二、三产业的蓬勃发展,特别是第三产业的快速发展,为农村剩余劳动力的转移提供了空间。加之改革开放以来,国家对人口流动的政策性限制逐渐取消,城市拥有的先进医疗、教育设施加大了城市对农村人口的吸引力。尽管从2000年以后,国家采取了一系列积极的农业和农村发展政策(如取消在我国存在几千年的"农业税"等),并加大财政资金的拨付力度,但这并不能挽留住广大农民进城的脚步,农村人口外流现象仍不断加速,主要表现在以下几个方面:

(1) 农村人口总量减少

截至2013年年底,城镇人口占总人口比重达到53.73%,城市人口超过乡村人口。

(2) 农村流动人口总量大幅增加,结构年轻化

国家卫生计生委公布的《中国家庭发展报告2014》显示:目前我国流动人口共有2.4亿,占全国总人口的20%。新生代流动人口成为流动人口的主体,流动人口正经历代际更替。2010年第六次人口普查时,新生代流动人口已经超过流动人口半数,总量达1.18亿。全国流动人口动态监测数据显示,2012年流动人口的平均年龄约为28岁,超过50%的劳动年龄流动人口出生于1980年以后。

(3) 完全脱离农业生产、长年在外打工的农民工比例增大,打工的兼营性减弱,家庭化迁移成为人口流动迁徙的主体模式

超过60%的已婚新生代流动人口与全部核心家庭成员在流入地共同居住。超过三成的流动人口在流入地居住生活时间超过5年,从事目前工作的平均时间接近4年,全年平均回老家不足2次。

(4) 农村产生大量留守人口

《中国家庭发展报告2014》指出:我国2012年农村留守老人约有5000万人,占农村老年人口总数的50%;留守妇女的人数超过5000万,约占20至59岁农村妇女总数的14%;农村地区0至17岁的留守儿童已经达到6103万人,与2005年全国抽样调查估算数据相比,五年间增加了242万人。在全国农村空心化的大背景下,贵州省作为西部经济欠发达的地区,空心化的现象更为突出。其城乡间差距较东部地区更大,农村经济发展滞后、人民的收入水平较低,使得更多的农民选择离开农村,进城务工。

9.1.2 复杂的原因

贵州省农村空心化形成的原因是复杂与多元的,它是诸多因素形成的产物。首先,

空心化的危机主要是由于城市化滞后于工业化，农村空心化问题产生的根本原因是二元城乡结构下城市化速度滞后于工业化速度。城乡二元结构的存在，使得广大农民无法冲破户籍制度的障碍，无法像城镇人民一样均等享受城市先进的医疗、教育、养老等公共服务，因此，他们无法放弃农村户口和农村土地的使用权带来的养老、教育、医疗等公共服务。其次，农村土地制度、宅基地制度和农村社会保障制度以及农民乡土情结，导致"人走地留屋留"。我国农村的土地归集体所有，农民只有使用权没有所有权，在农业效益不高，土地难以产出利润时，农村中的耕地粗放经营和撂荒，难以形成有效流转，宅基地取得的无偿性、使用的无限期性以及无留置成本性，使得村民更倾向于尽可能多地占有宅基地。粮食直接补贴、各项社会保障制度的完善，农民享有越来越多的合作医疗、最低生活保障以及养老保险等社会保障和福利。这在一定程度上也成为农民转换身份，彻底告别农村的阻力。农民对故土家园、乡村生活的眷恋等原因也令农民不愿意放弃村中住宅和耕地。再次，城乡间经济发展和收入水平的巨大差异，使得农民常年在家务农的经济收入大大低于进城务工的收入，再加上城市拥有健全的教育、医疗等公共服务设施和发达的经济，使得农村大量精英劳动力不断涌入城市，造成农村空心化的问题突出。特别是广大西部经济欠发达地区(如贵州、四川等省)城乡之间经济差距较之东部经济发达地区更甚，大量农村人口外出务工的现象更为普遍。加之我国改革开放的实行，国家对人口流动的限制逐渐取消，使得大量劳动力能够跨地区自由流动，客观上促进了人口在城乡之间自由流动。

9.1.3 令人担忧的状况

农村"空心化"作为我国工业化、城镇化及城乡转型发展背景下农村发展的异质现象，既是我国农村之痛，也是全社会之痛，尤其对于经济相对落后的西部贵州来说，空心化的状况尤其令人担忧：留守人口规模扩大，农村大量青壮年劳动力外流，农村仅剩下以老人、妇女和儿童为主体的留守群体，农村家庭的存在方式大大改变。农业劳动力紧缺，劳动主体缺失，大量耕地无人种植，农村呈现出一片荒芜的景象。全家迁移现象增加，在贵州一些村庄出现了大量全家搬迁的现象。全家迁移现象是造成耕地抛荒和农村住宅荒废的主要原因；同时，贵州广大乡村交通便利的村落或城镇面临着农村居民点用地面积不断扩大，"外扩内空"，侵占耕地的现象严重。新增居民住房随交通干线延伸，这就导致村庄散乱、缺乏规划、基础设施配套难、侵占耕地现象严重，一户多宅现象在空心村的蔓延。加之在空心化的背景下，村民自治水平低，很多村庄出现无人管理、一片荒凉的景象。

9.1.4 有效地遏制

针对日益荒芜的广大乡村，贵州省各级政府立足省情，实行了一系列措施来化解空心化危机。政府为了让需要留在农村的劳动力能够留得下来，创造性地提出了"四在农家、美丽乡村"建设方案。另一方面政府为了让已经从农业和农村中转移出来的劳动力能够真正地转移出去。以政府为主导，推动"农民市民化"进程。贵州省各级政府从这两方面同时发力，农村空心化的问题得到有效缓解。

9.1.4.1 农民市民化

为使从农业和农村中转移出来的劳动力能够真正地转移出去，贵州各级政府破除农村的城乡二元分割发展的思维模式，稳步推进城乡发展一体化进程，加快工业化、城镇化步伐，大力建设特色小城镇，加快推进工业园区建设，着力发展新兴产业，为进城农民提供了大量的就业岗位；同时，大力推动廉租住房、经济适用住房、公共租赁住房等建设工程项目，着力解决进城农民工住房难问题。另外，积极稳妥推进户籍制度改革等，向农民工提供与城镇居民平等的医疗、教育、保险、住房等公共服务，让符合条件的进城农民真正"落地生根"，不再是城市里的"二等公民"，实实在在地推动了农民工的市民化进程。

9.1.4.2 美丽乡村的建设

为了让留在农村的劳动力能够留得下来，由贵州省政府牵头在全省范围内开展"美丽乡村"的建设。这一建设模式首先在贵州省余庆县试点，然后在贵州省政府的主导下，迅速推广到全省。至2013年年底，全省"四在农家、美丽乡村"创建点已达1.6万多个，覆盖9000多个村、占全省行政村50%，受益群众1500多万人。自2014年起，"四在农家、美丽乡村"每年总体上将以10%的覆盖率递增，力争到2015年创建点覆盖70%以上行政村，2018年实现全覆盖。通过"四在农家、美丽乡村"建设，广大农民的物质生活条件得到大大提升，广大农民的素质得到提高，农村精神生活变得丰富多彩，农村生态人居环境得到极大的改善，贵州的广大村庄呈现出一派富裕、和谐、和美的新景象。"四在农家"分别是指"富在农家、学在农家、乐在农家、美在农家"。

(1)"富在农家"建设

大力推动农村经济的发展、促进农民增产增收，努力提高农民的生活水平是解决农村空心化的根本途径。因此，贵州省各级政府主要从以下几个方面为着眼点，促进农村经济的发展、提高农民的收入水平：①各级政府加大了对农村发展的支持力度，将基础设施建设和社会事业发展的重点转向农村，将社会各种资源引向农村，着力改善农村生产生活条件，为农民增收致富奠定坚定的物质基础和保障。②变传统农业为现代农业，着力提高农业的机械化水平，改变传统农作物依靠人力种植的方式。并结合各地实际，发展当地特色农业，形成一批具有特色的"专业村"，政府主导将分散的农户组织起来，根据外部市场需求，实行规模化经营和生产，对农产品进行深加工，提高农产品的附加值。同时由政府主导，大力开发乡村旅游业，大力发展休闲观光项目，同时针对各村特色，推出一系列特色农家乐，变传统的单一种植业为集旅游观光、生态建设、文化创意、工业生产、绿色消费等为一体的综合大农业，切实提高农民收入水平，扩宽农民增收致富渠道。同时，倡导广泛运用现代科技，推进现代高效农业示范园区建设，走高产高效、加工精细的现代农业发展道路，有效提高了农业的效益，推动农业由粗放型向集约型转变，变经验农业为科技农业。③大力推进生态移民搬迁工程。"一袋水泥运到家，豆腐盘成肉价钱"，曾是贵州省深山区、石山区和石漠化严重地区农民生活的真实写照。由于交通闭塞，生态环境恶劣，一方水土不能养活一方人，为从根本上解决这些生活在缺乏基本生存条件地方农民的脱贫致富问题，贵州省政府不断创新，拟筹资1600亿元，从2012年5月正式启动实施了"拔穷根"式的扶贫生态移民工程。按照"四坚持、五为主、四结合、一确保"总体要求和"搬得出、留得住、能就业、有保障"总体目标，以改善民生、提高移民收入为核心，以整合资源为保障，以减轻迁出区生态环境压力和提高安置区资源环境承载力为重点，紧紧抓住"建房、搬迁、就业、配套、保障、退出"等关键环节，从2012年开始，用9年时间将居住在深山区、石山区和石漠化严重地区的200万贫困人口搬迁到条件相对较好的城镇、产业园区集中安置。截至2013年年底，已累计搬迁15万人，2014年将再搬迁4.26万户15万人。通过实施扶贫生态移民工程，使原本脱贫无望的深山区农民离开深山找出路，在搬迁后全部脱贫，初步实现了群众致富和生态改善的双赢。

(2)"学在农家"建设

贵州省各级政府大力倡导发展农村先进文化，培育有文化、懂技术、会经营的现代新型农民。具体做法主要有：①加大农村文化基础设施建设，通过实施农村文化家园工程、农家书屋建设工程、远程教育工程等，建设农村文化阵地，并以此为基础组织引导农民学知识、学技术、练本领，提高科学文化素质、生产发展能力和增收致富本领。②结合各地产业发展实际，按照"农民需要什么就培训什么、什么时候需要就什么时候培训"的原则，组织开展农村实用技术培训，组织专家学者、"致富能手"把科技培训课堂搬到田间地头，手把手地传授致富经验和技术，培养种、养、加等各类乡土人才，同时，各级政府组织大量的技能大赛等比赛活动，选拔产生农村各类"过得硬、用得上、留得住"的"能工巧匠"，通过人才的带动效应，来推动当地经济的发展。

(3)"乐在农家"建设

为了满足农民群众日益增长的精神文化需求，政府组织了丰富多彩的文体活动。在各级政府的引导、支持下，贵州不少农村建起了文化娱乐活动小广场、成立了村文艺队、跳起了"广场舞"、办起了独具特色的农民运动会、文艺晚会，自编自演展现农村发展变化的山歌、快板、小品、舞蹈等节目。通过政府推动的"乐在农家"建设，农民的生活变得有滋有味，精神生活风貌得到大大改善，为推动新农村建设、追求幸福生活提供了源源不断的精神力量。

(4)"美在农家"建设

着眼于人的全面发展，着眼于人与社会、人与自然的和谐，贵州各级政府引导农民建设富裕文明、和谐美丽的新农村，促进农村经济社会的协调可持续发展。政府一方面加大对农村基础设施的建设和投入力度，引导、支持农民改造民居、硬化联户路、整治村庄、绿化村寨等，不断改善村容村貌，改善农民生产生活条件。加大对农村绿化环保的投入力度，创建农村生态文明，实现人与自然、经济与生态环境的协调可持续发展。另一方面，政府积极支持农村文化娱乐设施建设，政府主导开展多种健康向上的文化娱乐活动，追求农村安乐富足、环境优美、关系和谐、文化丰富的美好境界，真正让农民安居乐业。

9.1.5 发人深省的启示

首先,化解农村"空心化"危机必须紧紧抓住发展农村经济这个关键着力点。马克思主义认为,经济基础决定上层建筑,"物质生活的生产方式制约着整个社会生活、政治生活和精神生活的过程"。这给我们一个启示:改变农村落后的面貌,解决农村"空心化"问题,必须深入追溯到物质生产方式层面,着力改变传统农业生产方式,推动农业向现代化、集约化方向发展,使农民过上和城里人一样的富足生活,并借此来推动农村人口价值观、生活方式、思想观念的改变。因此,贵州省政府始终把发展农村经济放在重中之重,加大对农村经济的支持力度,着力发展贵州特色农业,提高农业发展的现代化程度,促进农业由传统的自给自足方式向商品化方向发展,倡导对农产品进行深加工,增加农产品的附加值,让农民获得更大的收益,切实提高农民的生产生活水平,为解决农村空心化提供坚强的经济后盾。我国是一个人口大国,粮食安全是关乎国家生存发展的大事,所以必须加大对农业生产的重视与扶持。而贵州是我国传统的农业省份,贵州省委省政府高度重视农业的发展,将它作为化解农村"空心化"问题的重要途径,在全省范围内大力倡导发展现代农业,提高农业生产的集约化水平,推动农产品的商业化,努力促进农民增收,让农民的包里鼓起来。一方面,在广大农村积极倡导"美丽乡村"建设,在发展农村经济、实现农民增收的同时,将农村建成"村容整洁、乡风文明"的社会主义新农村,让农村能留得住人,农村的广大村民能安居乐业。另一方面,努力提高城镇化水平,建立新型城镇,让已经外出务工的农民能在城镇留得下来,减少农村"空心化"现象。

其次,贵州省立足本省实际,以村级党组织建设为发力点,以期化解农村空心化的问题。村级党组织是农村发展的主心骨,负责指导和组织、统筹协调农村的发展。为提高党组织建设水平,贵州省制定出台了《关于进一步加强贫困地区农村基层党建工作的实施意见》《关于大力实施"领头雁工程"争做同步小康村党组织书记的实施意见》等一系列文件。贵州各地结合实际开展了富有成效的村级党组织建设工作,提升基层组织活力,带领群众发展致富。贵州各地涌现出了一大批能带领农民群众奔小康的村级党组织和村党组织书记。村级党组织建设已成为贵州有效化解农村"空心化"的法宝。化解农村"空心化"危机还必须发挥农民的主体性和创造性。农业发展关键在农村,农村发展关键在人,因此要发展农业,必须提高广大农民素质,让其掌握科学种植技术,提高劳动生产率。同时,贵州省政府出台多项措施,加大对农业农村的扶持力度,最大限度调动农民生产积极性,千方百计促进农民增收,激发农民的创造性和主人翁意识。另外,贵州各级政府都将基层民主政治建设摆在重要地位,尊重农民的主人翁地位,通过多种途径将分散的农户集中起来,建立各种类型的生产经营合作组织,使广大农民能够联合起来,共闯市场,农民成了名副其实的主人,这为农村的发展提供了源源不断的动力。

贵州模式告诉我们:化解农村"空心化"危机必须发挥政府的主导作用。农村的改革发展,首先需要政府政策的支持。贵州在发展农村经济、化解农村"空心化"危机过程中,充分发挥政府"有形之手"的作用,各级政府对农业发展进行各种形式的鼓励支持与协调，出台了一系列支农惠农的政策，为农村发展提供了政策支撑；其次政府应加大了对农村基础设施的建设和投入力度，鼓励和引导各种资源投向农村，为农村发展提供了强有力的资金支持，如为深入推进"四在农家、美丽乡村"创建活动，加快美丽乡村建设步伐，从2013年起到2017年，每年将投入不少于300亿元资金，使全省农村面貌发生根本性变化；再次，政府应加大对农村人力资源建设的力度，农村发展的关键在于人，农业发展的关键也在于人，每年选派各级干部驻村入户，帮扶农村，为农村发展提供了源源不竭的人才资源，是促进农村农业发展、农民增收的有效途径。2013年贵州省各级政府选派了3万余名驻村干部、6000个驻村工作组，2014年则将选派5万余名驻村干部、1万多个驻村工作组。正是在贵州各级政府的支持与引导下，贵州农村经济得才以快速发展，社会得到长足进步，农村空心化现象得以有效治理。

材料1 美丽乡村建设

美丽乡村是指中国共产党第十六届五中全会提出的建设社会主义新农村的重大历史任务时提出的"生产发展、生活宽裕、乡风文明、村容整洁、管理民主"的具体要求。2007年10月，提出"要统筹城乡发展，推进社会主义新农村建设"，2008年，出台《建设"中国美丽乡村"行动纲要》。党的十八大报告提出："要努力建设美丽中国，实现中华民族永续发展。"第一次提出了"美丽中国"的全新概念，强调必须树立尊重自然、顺应自然、保护自然的生态文明理念，明确提出了包括生态文明建设在内的"五位一体"社会主义建设总布局。这是深入贯彻落实科学发展观的战略抉择，是在发展理念和发展实践上的重大创新。充分体现了中国共产党以人为本、执政为民的理念，顺应了人民群众追求美好生活的新期待，符合当前的世情、国情。贫穷落后中的山清水秀不是美丽中国，强大富裕而环境污染同样不是美丽中国。只有实现经济、政治、文化、社会、生态的和谐发展、持续发展，才能真正实现美丽中国的建设目标。然而，要实现美丽中国的目标，美丽乡村建设是不可或缺的重要部分。在2013年中央一号文件中，第一次提出了要建设"美丽乡村"的奋斗目标，进一步加强农村生态建设、环境保护和综合整治工作。事实上，农村地域和农村人口占了中国的绝大部分，因此，要实现十八大提出的美丽中国的奋斗目标，就必须加快美丽乡村建设的步伐。加快农村地区基础设施建设，加大环境治理和保护力度，营造良好的生态环境，大力加大农村地区经济收入，促进农业增效、农民增收。统筹做好城乡协调发展、同步发展，切实提高广大农村地区群众的幸福感和满意度。唯此，才能早日实现美丽中国的奋斗目标。

材料2 贵州省的概况

贵州省简称贵或黔，是中国西南地区的一个省，位于云贵高原东部。省会是贵阳。贵州介于东经103°36′~109°35′、北纬24°37′~29°13′之间，东毗湖南、南邻广西、西连云南、北接四川和重庆。全省东西长约595km，南北相距约509km，面积约176 000km²，占中国国土面积的1.8%，共有9个地级行政区划单位，88个县级行政区划单位。贵州是一个多民族共居的省份，少数民族人口占全省人口的37.9%。素有多彩贵州之称。贵州省在中国的经济地位低下，经济发展滞后于许多省。2013年贵州省GDP在全国各省、自治区、直辖市排名第 26 名。2010 年贵州省第六次全国人口普查结果显示：贵州省常住人口为 3474.65 万人，与十年前第五次全国人口普查相比减少了 50.12 万人，其中外出人口为 719 万人。

9.2 案例说明书

9.2.1 课前准备

（1）按照 5~7 人一组分组，课前给每组准备一张一开的白报纸，用于书写小组讨论意见，讨论意见逐条分行横列，白纸可以正反两面使用。

（2）准备若干只白板笔，发给每组一只用于书写。

（3）准备胶带纸或者双面胶若干，用于将写好答案的白报纸贴在黑板上。

9.2.2 适用对象

本案例是为接受"行政管理"相关课程学习的本科生、学术研究生以及 MPA 学生设计的，同时也适合公共管理专业其他研究方向的研究生使用。本案例还适合对农村空心化治理有兴趣的非专业人士、学生和实践操作者学习使用。

9.2.3 教学目标

本案例主要有 4 个教学目标：

第一，了解案例的来龙去脉，深入探寻农村空心化问题产生的背景、原因。

第二，了解贵州省农村空心化的现状以及贵州各级政府为化解空心化危机所做的努力。

第三，讨论贵州省政府推动的"四在农家、美丽乡村"建设有哪些创新之处以及它的借鉴意义。

第四，思考"四在农家、美丽乡村"建设对农村物质文明、生态文明、精神文明、政治文明建设的积极影响。

9.2.4 要点分析

（1）农村空心化问题是在独特的时代历史背景下产生的，解决农村空心化问题，必须充分发挥政府的主导作用。因此，本案例讨论的重点是政府在解决农村空心化问题采取的各项措施。在本案例中，贵州省政府为解决本省农村空心化的问题，立足本省实际，提出了"四在农家、美丽乡村"建设方针，在贵州农村大力推进"富在农家、学在农家、乐在农家、美在农家"建设，着力提高农民生产生活水平，化解农村空心化危机。

（2）贵州省各级政府在化解农村空心化危机时，分别从建设农村物质文明、精神文明、政治文明、生态文明等多方面着手，全方位改善农村的生产生活环境。"富在农家"着力于农村物质文明的建设，多途径发展农村经济，提高农民生活水平；"学在农家"着力发展农村先进文化，提高农村精神文明建设水平，旨在培养高素质的新型农民，在农村形成乐学、好学、爱学的良好文化氛围。"乐在农家"就是不断满足农民群众日益增长的精神文化需求，引导农民开展丰富多彩的文体活动，创造文明健康的生活方式，享受文明健康的精神生活。"美在农家"建设，着眼于人与社会、人与自然的和谐，建设富裕文明、和谐美丽的新农村，促进农村经济社会的协调可持续发展，提高农村生态文明建设的水平。同时贵州省立足本省实际，以村级党组织建设为发力点，以期化解农村空心化的问题。另外，贵州各级政府都将基层民主政治建设摆在重要地位，尊重农民的主人翁地位，通过多种途径将分散的农户集中起来，建立各种类型的生产经营合作组织，使广大农民能够联合起来，共闯市场，农民成了名副其实的主人，这为农村的发展提供了源源不断的动力。这些举措都体现了政府着力推动政治文明、推动社会建设。这与十八大报告中对中国特色社会主义事业做出的"五位一体"总体布局不谋而合。

（3）为解决农村空心化问题，贵州省因时因地制宜，提出了"美丽乡村"建设的途径，符合党的十六届五中全会提出的新农村建设要求，党的十八大报告提出："要努力建设美丽中国，实现中华民族永续发展。"第一次提出了"美丽中国"的全新概念，强调必须树立尊重自然、顺应自然、保护自然的生态文明理念，明确提出了包括生态文明建设在内的"五位一体"社会主义建设总布局。这是深入贯彻落实科学发展观的战略抉择，是在发展理念和发展实践上的重大创新。而贵州省"美丽乡村"建设正是践行科学发展观的具体举措，是"美丽中国"建设的重要组成部分，充分体现贵州各级政府以人为本、执政为民的理念。

（4）贵州省解决农村空心化问题的方法对我国其他省份的借鉴意义。贵州模式始终将发展农村经济摆在核心位置，并同时积极推进农村政治建设、文化建设、社会建设、生态建设，全面提高农民生产生活水平，建立富裕、和谐、和美的社会主义新农村。这一模式具有广泛的借鉴意义。但是各省在解决空心化危机时，在借鉴贵州模式的基础上，也必须立足省情，结合本省的实际情况，探索出一条适合本省的空心化治理途径。

9.2.5　课堂安排

对于本案例，教师应该首先利用 10～15min 指导学生理清农村空心化问题产生的宏观背景，将农村空心化问题产生的原因以及农村空心化的现状等详细介绍给学生，让学生对整个案例的情况有个全面的了解。

接下来教师可以围绕课后布置的问题展开课堂讨论。要给每个问题预留足够的时间，要求学生们利用所学到的知识和对社会的了解各抒己见，教师一定要要求学生自己或以小组进行思考和分析。

最后，请学生们根据案例提出他们的疑问，并请其他学生对问题展开讨论。讨论中要鼓励学生表达他们自己的观点，教师要把这些观点在黑板上罗列出来，或由各小组写到各组的白纸上，教师不要评价更不要批评学生的这些观点。如果学生们的观点范围比较狭窄，教师可以通过"头脑风暴法"让学生回答来启发他们的思维。

具体问题的讨论应以启发的方式，引导学生来提出案例中出现的实质问题。如果学生们在讨论具体问题之后，对解决问题的思路仍然模糊，教师可以进行讲解。

9.2.6 案例后续情况

贵州省为解决农村空心化问题，提出的"四在农家、美丽乡村"建设方针，这是针对本省实际提出的举措，在实行这一举措之后，贵州省农村的经济得到了快速发展，截至2013年年底，全省"四在农家、美丽乡村"创建点已达1.6万多个，覆盖9000多个村、占全省行政村50%，受益群众1500多万人。自2014年起，"四在农家、美丽乡村"每年总体上将以10%的覆盖率递增，力争到2015年创建点覆盖70%以上行政村，2018年实现全覆盖。通过"四在农家、美丽乡村"建设，贵州省广大农民的物质生活水平得到大大提升，人民生活安乐富足；农民的精神文化生活更加丰富多彩；农村的政治环境更加民主透明；农村社会环境更加和谐，农村的人居环境得到显著改善，农村的生态环境质量大大提高。农村呈现出一片欣欣向荣的新景象，"空心化"现象得到极大地遏制。

参考文献

国家卫生和计划生育委员会，2014. 中国家庭发展报告2014[M]. 北京：中国人口出版社.

皮坤乾，杨风雷，2014. 农村"空心化"治理的贵州模式[J]. 人民论坛，14.

思考题

1. 简述贵州"美丽乡村"建设对我国生态文明建设的影响。
2. 简述贵州省各级政府是如何化解农村空心化的危机。
3. 简述化解农村空心化的措施是如何体现建设"物质文明、精神文明、政治文明、生态文明"的要求。

后 记

西南林业大学公共管理硕士（MPA）专业学位授权点在学校的高度重视和精心组织下，在公共管理学界及先行办学的各兄弟院校的关心和支持下，经过长期酝酿和充分准备，终于在2021年获批授权，成为全国第八批具有公共管理硕士（MPA）专业学位培养资格的高校之一。作为一所农林类公共管理硕士（MPA）专业学位培养高校，我们确立了"立足云南、服务西南、面向南亚东南亚"的办学定位，坚持走具有农林特色的公共管理人才培养之路，主要面向林草行政主管部门、农业农村行政主管部门、基层政府、农村基层群众自治组织、农林类事业单位、农村非营利组织等培养具有农林行业特色的应用型复合型公共管理高级专门人才。

经过长期积淀，西南林业大学公共管理硕士（MPA）专业学位授权点在林业行政管理与林区发展、农村公共服务、乡村治理与乡村建设等领域形成了稳定的研究方向和鲜明的学科特色。林业行政管理与林区发展方向充分利用西南林业大学作为西南地区唯一一所林业类高校的特色，发挥学校与中央和地方林业主管部门紧密联系的优势，重点研究林业行政管理职能优化、林业行政管理体制机制改革、林业发展规划管理、林权制度改革、森林灾害应急管理、林区可持续发展与社会治理、社区林业等当前林业发展中的重大和热点问题，以公共行政的理论与方法为范式，开辟公共管理的一个新领域。农村公共服务方向围绕农村公共服务需求、农村公共服务供给体系构建和供给方式选择、农村公共服务供给的效率与公平、农村公共服务均等化、农村公共服务的财政投入机制与效应分析等重点领域，以促进乡村振兴为目标，以强化农村公共服务的基础和保障作用为出发点，充分发挥农林类高校服务于农村、了解和熟悉农村的优势，以田野调查和大数据分析为手段，致力于诊断农村公共服务存在的问题和提出解决问题的方案，在云南逐步形成自己鲜明的特色和优势。乡村治理与乡村建设方向以推进国家治理体系与治理能力现代化为统领，以促进美丽乡村建议为目标，以转型时期乡村社会矛盾与冲突为关注焦点，围绕乡村社会结构的变迁与传统乡村治理方式的转变、新时代乡村治理体制与机制构建、新时代乡村治理结构优化、边疆民族地区乡村治理模式选择、乡村生态文明建设等重点领域，以新公共服务理论和治理理论等为支撑，以个案研究和实证分析为方法，探索独具特色的云南边疆民族地区乡村治理与乡村建设道路。

当前，学校首批公共管理硕士（MPA）研究生已于2023年9月正式入校，相关学科建设工作一直在按部就班地进行，本教学案例的结集出版，正是相关工作成果的体现之一。本教学案例的研发，主要立足于我校经济管理学院，同时面向全校相关学院教师征集，在充分研判和评估的基础上，共立项资助20余项案例开发项目，最后9个开发成功的典型案例被收录于本书。本书从案例开发计划到案例开发项目实施，再到案例甄选和结集出版，历时一年有余，其中得到了学校有关学院的大力支持，众多老师的关注和大量同行专家的指导，在此对大家的辛勤付出表示最诚挚的谢意。

本书编委会成员既是本教学案例的主编和副主编，也是本书收录案例的开发者和编写者，他们或直面 2020 年以来的"新冠"疫情，或深入农村或林区，或关注国家大政方针和社会热点，围绕公共危机应对、政府规制、公共服务、社会治理、生态文明、区域经济管理等领域进行调研，深入挖掘，不断发现，展开思考，形成了具有真知灼见的优秀成果。展现在广大读者面前的这本案例，正是编委会各位老师艰苦工作的结晶，尽管尚不成熟，也许还有缺陷，但我们希望它能对广大公共管理学子产生积极作用。

本书适合于从事公共管理类专业学习的学生作为课外读物，也适合于从事公共管理类专业教育的教师作为教辅材料，也适合于在各级行政部门、事业单位和其他非营利组织从事公共管理的业界人士作为参考资料。

本书在编辑出版过程中得到了中国林业出版社编辑的大力支持，在此表示深深的感谢。一些研究生也积极参与了部分案例的实地调研和资料整理工作，在此对他们对本书做出的贡献表示感谢。同时感谢西南林业大学经济管理学院党政领导班子和全体教师对本书出版的支持，感谢西南林业大学公共管理硕士（MPA）教育中心对本书的运筹、谋划和最终编辑出版的大力支持，感谢一直默默关心和支持西南林业大学公共管理教育的各界朋友。

愿我国公共管理硕士（MPA）专业学位教育越来越好，愿西南林业大学公共管理硕士（MPA）专业学位教育不断迈上新的台阶。

编者

2023 年 1 月